L'ANCIENNE COMMUNAUTÉ Ste-BARBE

ET LE

COLLÈGE MUNICIPAL ROLLIN

PAR

A. ROUSSELOT

PARIS

IMPRIMERIE E. DOUSTE

16, rue Croix-des-Petits-Champs

1900

L'ANCIENNE COMMUNAUTÉ S^{TE}-BARBE

ET LE

COLLÈGE MUNICIPAL ROLLIN

ET LE

COLLÈGE MUNICIPAL ROLLIN

PAR

A. ROUSSELOT

PARIS

IMPRIMERIE E. DOUSTE

16, rue Croix-des-Petits-Champs

1900

AVANT-PROPOS

Il n'est peut-être point d'Établissement dont l'historique soit plus difficile à préciser dans ses origines que le Collège Rollin. La dénomination de Ste-Barbe-Rollin qu'on lui a laissé porter durant un assez grand nombre d'années ne l'a toujours pas suffisamment séparé de l'Institution Ste-Barbe. Aussi, malgré les recherches les plus consciencieuses, règne-t-il une certaine confusion dans les souvenirs si lointains qu'ont évoqués quelques écrivains dans les Mémoires précieux où se trouve retracée par eux l'histoire de ces deux antiques maisons.

Au moment où la Ville de Paris se propose de faire figurer à l'Exposition universelle de 1900 un plan-relief qui mettra en lumière l'excellente installation et le parfait aménagement des bâtiments du

Collège Rollin, il nous a paru intéressant de préparer une nouvelle monographie de cet Établissement. Elle se distinguera de celles qui ont été publiées jusqu'à ce jour par la reproduction authentique de pièces retrouvées dans les archives du Collège ou d'extraits des délibérations prises par son Conseil d'Administration. La plupart de ces documents concernent nécessairement l'époque la plus rapprochée de nous, celle dont il était le plus facile d'établir les faits. L'un d'eux toutefois, qui remonte à l'année 1782, nous a permis d'affirmer avec quelque raison que le Rollin actuel a tiré son existence du Collège et de l'ancienne communauté Ste-Barbe.

En ce qui concerne les souvenirs relatifs aux époques antérieures, nous avons été obligé de nous en rapporter aux indications fournies par nos prédécesseurs; il nous a suffi du reste de les lire attentivement, de les comparer dans leurs nombreux détails pour nous faire une opinion personnelle sur l'histoire des Établissements dont, je le répète, le Collège Rollin est réellement issu.

C'est pour nous un devoir de désigner les ouvrages que nous avons consultés et auxquels nous avons fait des emprunts considérables :

l'excellente *Histoire du Collège Rollin (ci-devant Ste-Barbe) et des pension, communauté et collège qui constituent son origine par Lefeuve* (1853); le discours prononcé à la Distribution des Prix, le 14 août 1855, *par M. Wilhelm Rinn, professeur au Collège Rollin;* l'*Histoire de Ste-Barbe, collège, communauté, Institution par Quicherat, professeur à l'École impériale des Chartes* (1860), véritable monument de goût et d'érudition; le chapitre si consciencieux consacré au Collège Rollin *par M. Victor Chauvin, rédacteur en chef de la Revue de l'Instruction publique, dans son Histoire des Lycées et Collèges de Paris* (1866); enfin la brochure si documentée qu'a fait paraître en 1895 *M. Charles Tranchant,* ancien Conseiller d'État, ancien Membre du Conseil Municipal de Paris et du Conseil d'Administration du Collège Rollin.

Ce 1er février 1900.

CHAPITRE PREMIER

___

L'ancienne Ste-Barbe

Presque tous ceux des Collèges de Paris dont l'origine remonte au Moyen-Age ont été fondés par des prêtres. A cette époque tout abbé docteur, qui avait acquis une certaine notoriété dans l'enseignement, aspirait à former des disciples. Il groupait autour de lui des écoliers, pauvres le plus souvent, et s'efforçait de leur donner à peu de frais le vivre et le couvert. Lorsque ses ressources le lui permettaient il s'adjoignait quelques professeurs de mérite et, n'ayant plus dès lors à envoyer ses élèves aux cours des Établissements de l'Université, il les instruisait dans son *Collège*. Tels furent les débuts de l'Institution Ste-Barbe-Rollin.

En 1430, un prêtre du nom de Jean Hubert prit à bail un terrain sur lequel se trouvait l'hôtel de plaisance des Évêques de Châlons et y fonda un Collège. Au lieu de lui appliquer son nom ou celui du pays dont il recevrait les boursiers, ainsi que

1.

c'était alors l'usage, il lui donna celui de la patronne de sa mère : *Ste-Barbe*. L'Institution qui porte actuellement ce nom a son siège sur l'emplacement même qu'occupait le pensionnat de Jean Hubert et nous verrons dans la suite comment ce dernier fut transféré dans un autre local.

Jean Hubert était persuadé que l'avenir d'un Collège a sa garantie moins dans les richesses qu'il possède que dans la bonne discipline et dans l'excellence de son enseignement. Aussi appela-t-il auprès de lui des régents de valeur et il en prit un assez grand nombre, afin de faire enseigner aux élèves de Ste-Barbe toutes les connaissances qui étaient alors en honneur : les humanités, le grec, l'hébreu, la philosophie et les sciences y étaient l'objet d'un soin particulier et la langue latine devint la langue usuelle de la maison. La réputation du célèbre fondateur et le zèle des savants professeurs qui l'entouraient ne tardèrent pas à placer Ste-Barbe au premier rang des Établissements universitaires.

Les élèves y avaient afflué de toutes parts bien que la discipline fût plus rigide que dans les autres communautés. On se servait alors des peines corporelles pour obtenir l'assiduité et l'obéissance. Tout régent montait en chaire armé de la férule et il châtiait lui-même les actes de dissipation ou de paresse. Deux agents inférieurs apportaient leur concours physique à cette œuvre de compression : et, s'il faut en croire les annales du temps, ce n'étaient point les auxiliaires les moins utiles. Un veilleur de nuit criait chaque matin la quatrième heure et produisait un tel fracas que les plus lourdes paupières ne tardaient pas à s'entrouvrir : l'airain donnait bientôt l'ordre de se jeter à bas du lit et les appels de la cloche ne cessaient qu'à cinq heures, moment où le portier, pour annoncer la reprise des travaux, frappait des cymbales (1). L'importance de ce second agent atteignait des proportions sans égales. Comme il était le gardien vigilant de l'unique porte de la maison, qu'il avait l'œil sur tous les allants et venants, qu'il pouvait faire parler l'un et l'autre, il était le seul qui sût bien ce qui se passait dans la communauté. Aussi s'appliquait-on à le choisir intelligent et incorruptible. Il était parfait lorsqu'à ces qualités il joignait une poigne vigoureuse (2).

On s'en tenait strictement aussi, à Ste-Barbe, aux prescriptions de la bulle déjà ancienne d'Urbain V qui ordonnait que « les élèves fussent assis à terre, et non sur des bancs, pour écarter de la jeunesse toute occasion d'orgueil » ; et ce n'était que par une extrême tolérance qu'on permettait de couvrir le sol de quelques bottes de paille et de foin, sur lesquelles les écoliers venaient se grouper en silence. Ils y arrivaient dès cinq heures du matin et assistaient à une première leçon. Puis venait la messe

---

(1) *Histoire du Collège Rollin,* par Lefeuve.
(2) *Histoire de Ste-Barbe,* par Quicherat.

qui était suivie du déjeuner ; un temps de repos, mais sans récréation, accompagnait ce premier repas qui consistait en un petit pain mangé à la sortie du four. De huit à dix avait lieu la grande classe du matin. Elle était suivie d'exercices auxquels on se livrait sans quitter les salles, jusqu'à onze heures. Une heure était donnée à peine pour le dîner et la récréation, puis on retournait aux leçons qui s'entremêlaient d'exercices durant l'après-midi. Après le dernier repas de la journée, plus court que le premier, les élèves quittaient la table pour reprendre longuement le travail à la lueur des chandelles.

Ce régime d'études, que de nos jours les pédagogues les plus exigeants ne manqueraient point d'accuser de surmenage, devait produire les meilleurs effets. Nul collège ne forma dans la suite autant d'hommes distingués et les successeurs de Jean Hubert n'eurent qu'à maintenir ses traditions pour continuer son œuvre avec succès.

Martin Lemaistre, qui était Recteur de l'Université de Paris à l'époque de la fondation de Ste-Barbe, en avait suivi avec intérêt le brillant développement. Il redoutait de voir tomber en des mains trop faibles la direction du Collège et se l'appropria. Hâtons-nous de dire qu'il consolida et accrut même les institutions de son prédécesseur. Il inaugura l'enseignement de la Rhétorique, le donnant lui-même avec éclat à ses élèves. Ce nouveau cours et la création d'une chaire de théologie augmentèrent encore la réputation de Ste-Barbe et dès ce moment elle fut qualifiée de très fréquentée, très florissante, très renommée, épithètes qu'elle a conservées durant plus d'un siècle.

De 1483 à 1497, le principalat du Collège fut occupé par Étienne Bouet, professeur distingué de Philosophie, qui venait d'être élu Recteur de l'Université au moment même où mourait Martin Lemaistre. Les élèves continuèrent à se distinguer par leurs travaux et l'éclat des épreuves qu'ils soutenaient pour obtenir les certificats de bachelier ou les diplômes de licencié. Moins habile toutefois pour la gestion financière de son Établissement que pour la direction des Études, Étienne Bouet s'adjoignit prudemment le frère de son prédécesseur, Jean Lemaistre, qui avait conservé la propriété d'une partie des immeubles de Ste-Barbe.

Devenu seul chef de la maison, à la mort de son collègue, Jean Lemaistre profita des relations nombreuses qu'il avait entretenues avec les magistrats du temps, en sa qualité d'ancien avocat du roi, pour attirer auprès de lui les enfants des familles parlementaires. Lorsque, par la venue de cette clientèle, il eut augmenté encore le renom de Ste-Barbe, qu'il en sentit la prospérité bien assurée, Jean Lemaistre résolut de s'affranchir des soucis et des tracas de l'Administration, tout en conservant les bénéfices du principalat. Il en confia successi-

vement la direction à trois chefs que nous nommerons à peine, puisqu'ils ne firent rien que par son
ordre et selon ses conseils. Ce furent l'abbé Pierre
de Fontenay, le Dr Pelin et Étienne Bonnet.

Au commencement du seizième siècle, la réputation de Ste-Barbe était à son apogée. Aussi Robert
Dugast, l'un de ceux qui avaient cohérité naguère
du domaine des Évêques de Châlons, s'empressa-t-il
d'acquérir la propriété de l'Établissement lorsqu'elle
devint vacante. Il n'ignorait point d'ailleurs qu'il
trouverait bon preneur pour la direction de la
Maison en la personne du prêtre portugais Diogo de
Gouvéa. Ce dernier, en effet, patronné et aidé par
le roi de son pays, put affermer Ste-Barbe et y appeler, en qualité de boursiers, une colonie portu-
gaise de cinquante élèves. Directeur vigilant et
capable, plein de gravité et d'une probité à toute
épreuve, Gouvéa savait surtout entretenir dans la
jeunesse le feu de l'émulation. Il attira dans son
Collège ce qu'il y avait de plus distingué comme
maîtres. C'est là qu'un jeune homme des premières
maisons d'Espagne, Ignace de Loyola, vint s'enfermer et que, pendant dix années d'études labo-
rieuses, il conçut le plan de la célèbre Association
qui devait jouer un si grand rôle dans l'histoire du
monde entier. C'est là que vint aussi se recueillir
dans le silence de la méditation François Xavier,
celui qui fut plus tard l'apôtre des Indes et le fondateur des missions lointaines. A l'époque même

où Sᵗᵉ-Barbe était pour ainsi dire le berceau de la Compagnie des Jésuites, elle voyait éclore dans son sein les idées de réforme religieuse puisqu'elle comptait aussi au nombre de ses élèves Jean Calvin, le législateur du protestantisme français.

La dynastie qu'avait inaugurée Diogo de Gouvéa se perpétua durant quelques années avec ses neveux André et Jacques de Gouvéa. Ceux-ci avaient été élevés gratuitement dans la Communauté ; ils y devinrent successivement professeurs et Principaux. La direction de Jacques de Gouvéa fut marquée par une révolte de la part des élèves dont le résultat fut une grande décroissance dans l'internat. Il semble utile de noter et d'expliquer les causes de ce fâcheux événement :

La jeunesse des écoles acceptait, sans songer à se plaindre, la discipline rigoureuse dont nous avons tracé plus haut le tableau. Par contre elle était jalouse de quelques privilèges consacrés par la tradition. De ce nombre étaient les représentations scéniques ou comédies jouées dans l'intérieur des Collèges, les promenades en armes dans les champs et surtout les promenades du Lendit, réunion qui n'avait rien de commun d'ailleurs avec les concours de jeux interscolaires d'aujourd'hui. « Le Lendit était une foire qui se tenait à Saint-Denis pendant les mois de juin et de juillet. Primitivement l'Université s'y rendit en corps avec tous ses suppôts, afin de donner plus de solennité à l'inspection que le Recteur allait faire là du parchemin mis en vente; car la juridiction du Recteur s'étendait sur le commerce du parchemin et du papier, et ces matières ne pouvaient pas être débitées qu'il n'eût constaté auparavant le bon aloi de leur fabrication. Des inspecteurs attitrés visitaient le papier en son nom; lui-même était tenu de visiter le parchemin. Lors donc qu'il allait à Saint-Denis pour approuver ou rejeter celui qu'avaient apporté les marchands forains, de l'escorte que lui faisait toute la jeunesse des écoles résultait un interminable défilé : la circulation était suspendue dans la ville pendant des heures entières, et si quelque convoi trop pressé essayait de couper le cortège, l'émeute éclatait infailliblement. A cause de cela les Collèges furent éliminés en 1504 de la procession du Recteur. Dès lors ils allèrent au Lendit séparément, en partie de plaisir. Les maîtres profitèrent de l'occasion pour donner, sous la tente ou dans une auberge du bourg, le dîner du grand lundi d'été. Pendant les apprêts, les élèves visitaient le trésor de Saint-Denis, s'approvisionnaient aux étalages des petits objets nécessaires pour l'étude, ou se baignaient dans la rivière, chose qui était défendue à Paris, comme contraire à la décence. Tout cela aurait pu s'accomplir dans la plus grande innocence, si, par une tradition funeste, la promenade du Lendit n'avait été mise au nombre des fêtes pendant lesquelles toute discipline était suspendue. Elle commençait par des vociférations, et se terminait par des actes d'intempérance qui donnaient lieu à toute sorte d'excès » (1).

Jacques Gouvéa s'était efforcé de rompre avec ces usages du passé qui lui paraissaient porter atteinte à la considération de la communauté. Il avait supprimé les divertissements indécents de la Fête des Rois et d'autres exercices scolaires susceptibles de devenir une occasion de tumulte ou de scandale. Quand vint le Lendit de l'année 1539, le Principal voulut défendre à ses élèves d'y participer et il leur enjoignit de s'abstenir à cette occasion de toute promenade militaire avec accompagnement de tambours et de gens armés. Cette mesure parut excessive aux écoliers ; elle ne fut pas approuvée non plus de leurs maîtres. Les portes du Collège furent forcées et, au mépris des ordres reçus, tous allèrent prendre part à la cérémonie accoutumée.

Un fait aussi grave réclamait une répression exemplaire ; elle eut lieu, mais elle causa un grand préjudice à l'Établissement. En expulsant les régents qui avaient encouragé leurs disciples dans la rébellion, on éloignait du même coup plusieurs élèves qui leur étaient attachés et les suivirent dans le Collège où ils s'étaient fait agréer. Jacques Gouvéa, profondément découragé par la décroissance de la prospérité de sa maison, songeait à se

---

(1) *Histoire de Ste-Barbe,* par Quicherat.

retirer lorsque le propriétaire des terrains de Sᵗᵉ-Barbe se présenta pour en prendre la direction.

Robert du Gast, curé de Sᵗ-Hilaire, qui occupait la principalité d'un Établissement voisin, s'était rendu odieux à son personnel de maîtres et d'élèves par une ladrerie peu ordinaire. Expulsé de son Collège par la Faculté des Arts, en 1551, parce qu'à la suite de démêlés avec ses régents il leur avait refusé et traitement et nourriture, il vint se réfugier à Sᵗᵉ-Barbe et profita des circonstances pour s'y placer au premier rang. Dans sa nouvelle maison le Principal change de tactique; il administre prudemment et surtout avec plus de bienveillance. Plus on l'a accusé ailleurs d'égoïsme, de barbarie, plus il tient à se montrer bienfaisant, généreux. Robert du Gast fait approuver par le Parlement un acte de fondation par lequel il crée pour les élèves quatre bourses perpétuelles de dix ans et trois offices pour les administrateurs du Collège : Principal, Procureur et Chapelain. C'est un moyen de ménager sa succession à l'un de ses parents préférés, Robert Certain, déjà installé dans les fonctions d'économe.

Robert Certain dirigea Sᵗᵉ-Barbe, de 1558 à 1568, et y fit preuve d'une certaine habileté à une époque où la tâche des Principaux de Collège avait été rendue bien difficile par les querelles religieuses. On lui reprocha, comme à ses collègues, de n'avoir pas su empêcher les manifestations de ses élèves en faveur des doctrines de Calvin qui excitaient l'enthousiasme de la jeunesse des Écoles. Plus heureux toutefois que la plupart d'entre eux, il put éviter la dépopulation de sa maison et il ne recula devant aucun sacrifice pour y maintenir l'enseignement sur le pied où l'avaient mis ses prédécesseurs.

Nicolas Le Marchand, qui lui succéda, fut moins favorisé; il se trouva bientôt dans la nécessité de supprimer quelques chaires et le déclin de Ste-Barbe se serait vite accentué si la principalité n'était échue à un homme qui mérite une place à part dans les fastes de cet établissement. Antoine de Tremblay l'occupera de 1569 à 1585, assez longtemps pour tout remettre en bon état et faire retrouver au Collège ses plus belles années. L'autorité que lui donne son élection au Rectorat de l'Université lui permettra même de combattre un grand nombre d'abus et d'améliorer la situation des étudiants.

Sous Antoine de Tremblay fonctionnèrent pour la première fois les conseils de famille qui n'étaient autre chose que les assemblées de professeurs de nos jours. Dans ces réunions périodiques, on se faisait part de ce qu'on avait remarqué sur la marche et les résultats de l'enseignement, on demandait ou l'on donnait conseil, on discutait amicalement, et quelques moments de conférence suffisaient pour établir entre les maîtres une unité de vue qui facilitait singulièrement la tâche du Principal. Les fruits d'une pareille direction ne tardèrent pas à se faire sentir. Ste-Barbe devint plus que jamais le séjour de la tranquillité et des études sérieuses. Elle resta florissante alors que l'enseignement des Jésuites, s'adaptant de plus en plus au goût de l'époque, attirait à eux la meilleure clientèle des Collèges de l'Université.

Malheureusement les successeurs d'Antoine de Tremblay se trouvèrent dans l'impossibilité de maintenir une telle prospérité. Sous le principalat de Pierre Dinet, qui dura de 1585 à 1595, nous avons à enregistrer un commencement de décadence. Les événements graves qui avaient troublé le royaume, la participation des écoliers à la guerre civile, l'expulsion de ceux de Ste-Barbe par deux compagnies de lansquenets qui s'y logèrent à leur place, il n'en fallait pas davantage pour ruiner l'Établissement. Nos soldats avaient vécu de privations et au milieu d'une malpropreté telle qu'une épidémie de peste suivit leur départ. Le Principal Gazet, qui avait remplacé Pierre Dinet, en fut l'une des premières victimes. Aussi ne voyait-on revenir ni régents, ni élèves.

Le Procureur-gérant Alain Mousset resta seul gardien des bâtiments du Collège pendant quelques années et, lorsque Nicolas le Chappelier vint prendre à côté de lui le titre de Principal, il dut se résigner à gouverner quelques rares disciples qu'il envoyait suivre les cours d'un Collège voisin.

En 1607, un homme éminent, François Gaullier,

docteur en théologie de la Faculté de Paris, assume la tâche glorieuse de restaurer Ste-Barbe. La réputation qu'il s'est acquise dans le préceptorat de Mathieu Molé l'aidera puissamment dans son entreprise. Dès qu'on le sait à la tête de la maison, les élèves y reviennent comme par enchantement. Peu à peu les classes de plein exercice sont rétablies et le nouveau Principal, qui s'était attribué aussi la fonction de Procureur, remet en valeur toutes les propriétés du Collège. Mais vingt années d'une direction un peu autoritaire ne s'étaient pas écoulées sans susciter à François Gaullier des envieux. On fit remarquer qu'il avait mieux surveillé encore ses propres intérêts que ceux de l'Établissement auquel il avait pourtant donné une nouvelle splendeur. Il se défendit d'abord et finit par abdiquer tout pouvoir entre les mains de Henri Berthould.

Ce Principal amène avec lui à Ste-Barbe un bon nombre d'élèves du Collège où il avait été auparavant maître de pension. Après avoir peuplé la maison il songe à l'embellir et l'accroît même de quelques corps de logis. Dès 1641, il s'adjoint, avec le titre de coadjuteur, son neveu Jean Berthould qui héritera plus facilement de la principalité après sa mort. C'est alors que surgiront des querelles domestiques qui conduiront de nouveau Ste-Barbe à deux doigts de sa perte. Le Procureur et le Chapelain avaient protesté infructueusement contre le principe d'une hérédité qui leur paraissait être en opposition formelle avec les statuts de la fondation de Ste-Barbe. Ils suscitèrent toutes sortes de difficultés à leur nouveau chef qui, de son côté, les traita avec la plus grande rigueur. La lutte intestine, les intrigues et les concussions des trois officiers du Collège ne cessèrent que lorsque Jean Berthould se fut déchargé des soins de l'administration sur le chapelain Louis de la Roche. Homme ingénieux et habile, celui-ci mit de l'ordre dans les finances de l'Établissement. En cédant à l'Université, moyennant un prix assez élevé, quelques bâtiments qui restaient inoccupés, il liquida les dettes les plus lourdes. D'autre part, il réussit, par ses résistances et par d'heureuses négociations, à empêcher l'exécution d'un arrêt de Louis XIV qui aliénait l'édifice entier au profit de la Faculté de Droit. La nomination de Simon Ménassier aux fonctions de Procureur lui apportera du reste une collaboration précieuse pour la bonne gestion du Collège.

On était à l'époque où les Jansénistes s'efforçaient de disputer aux Jésuites l'autorité morale dont ils jouissaient en France. L'un d'entre eux, Germain Gillot, docteur en Sorbonne, s'était distingué par ses prédications et le talent de ses controverses. Sa famille lui avait laissé une grande fortune; homme charitable, il voulut en faire un noble usage en donnant aux jeunes gens pauvres le bienfait de l'instruction. Devenu ainsi le chef d'une petite communauté, Germain Gillot jeta les yeux sur Ste-Barbe dont les constructions considérables n'étaient plus en rapport avec le nombre restreint de ses élèves et il en prit quelques-unes en location. Il y eut désormais sous le même toit, mais non sous le même chef, deux établissements qui n'avaient de commun que le nom : les collège et communauté de Ste-Barbe.

La nouvelle école ne tarde pas à devenir célèbre. On en verra sortir des universitaires, des avocats, des conseillers du parlement, des juges et des docteurs auxquels le titre de *Gillotins,* nom donné à ces élèves de marque, aura facilité les débuts dans leur carrière. En 1688, l'abbé Gillot succombait à la tâche ; mais il avait eu soin de désigner son successeur, et le supérieur Thomas Durieux allait continuer son œuvre.

Sous la direction de cet homme probe et austère, l'École produira encore un plus grand nombre d'élèves distingués que sous son prédécesseur. Il leur procure les professeurs les plus célèbres, et, en vue d'administrer plus efficacement sa communauté, il la divise en trois quartiers régis chacun par un sous-supérieur. Cette organisation ne l'empêchera point de contrôler par lui-même les progrès des humanistes, des philosophes et des théologiens : telles sont les dénominations affectées aux trois groupes d'élèves. Ce n'est plus d'ailleurs une institution exclusivement gratuite que dirige Th.

Durieux ; il en a, à des conditions modérées, ouvert les portes aux enfants des familles aisées. Il s'applique à faire revivre pour ses élèves les règles de conduite et les méthodes d'enseignement qu'avaient suivies naguère les maîtres de Port-Royal.

Voici comment Quicherat, d'après des documents authentiques, apprécie l'éducation que recevaient les Gillotins :

« Tout en formant les écoliers à la plus entière soumission, on les munissait de garanties contre les erreurs ou les abus possibles de l'autorité. Au commencement de chaque année, le règlement leur était lu, développé, commenté avec le plus grand soin. On le leur dépeignait comme une chose à laquelle ils devaient à la fois respect et amour, et voici comment il était appliqué. Ils n'étaient jamais punis pour une faute particulière, mais pour l'ensemble des fautes commises pendant un certain temps. D'après le registre, qui en était tenu jour par jour avec exactitude, les Supérieurs faisaient le décompte à la fin de chaque semaine et le présentaient aux coupables, en leur rappelant la loi qui avait déterminé les peines. Un représentant, choisi parmi les élèves de chaque classe, assistait à ce jugement comme un tribun du peuple chargé de plaider pour la loi s'il la croyait outrepassée. Cette disposition fut de celles qui se maintinrent après que la maison eut changé d'esprit. Marmontel, la signalant au public en 1790, ne pouvait retenir son étonnement de ce que l'un des grands principes de la Révolution eût été appliqué tant d'années à l'avance dans le gouvernement d'une humble maison d'études. — Les études furent très fortes. Instruits à fond en français et en latin, poussés dans le grec plus loin que les élèves des collèges, initiés même à l'hébreu, les Gillotins devinrent l'ornement du Plessis et un objet d'envie pour les jésuites. Dans tout Paris, dans toute la France, il n'y eut pas d'écoliers plus solides, ni chez qui le travail eût plus d'égalité ; et cependant on ne se servait avec eux d'aucun des moyens employés ailleurs pour exciter l'émulation. L'aiguillon de la gloire et des récompenses fut inconnu dans les Communautés. On aurait craint par là d'éveiller l'ambition, « le fléau de la vraie vertu », dit un des hommes formés à cette rigide école ; et le même auteur ajoute que « le zèle de la vérité tenait lieu de tout autre stimulant ».

Une direction aussi puissante, qui durait depuis plus de trente-cinq ans, avait jeté sur la Communauté de Ste-Barbe un éclat considérable et attiré en même temps la jalousie haineuse des jésuites. Durieux ne mourut pas sans avoir vu s'ouvrir l'ère des persécutions. Il ne se fit guère illusion sur le sort réservé à son école dans un avenir prochain et cette pensée attrista les derniers moments de sa vie.

Après une digression assez longue, mais qui nous

paraissait indispensable pour bien faire connaître la fondation et la vie propre de la seconde Communauté de Ste-Barbe, nous reprendrons l'historique du Collège à l'époque où nous l'avons laissé.

Dès l'année 1684, avons-nous dit, Simon Ménassier était devenu le collaborateur du Principal Louis de la Roche. Le diligent et avisé Procureur s'empresse tout d'abord de renouveler les baux de tous les locataires, en augmentant les revenus. Il arrive ainsi à payer les dettes courantes et, afin d'en prévenir le retour, il fait rétablir les délibérations régulières des trois officiers du Collège. La première réunion ne fut pas exempte d'orages ; le Principal ne voulait pas, en effet, être tourmenté au sujet des comptes de sa gestion temporelle, qu'il n'avait pas rendus, et qu'il était bien décidé à ne jamais rendre. Ménassier en appela au Recteur de l'Université, qui venait précisément de remettre en vigueur l'inspection des Collèges. Pour la première fois, nous voyons intervenir, l'homme bon et intègre qui donnera plus tard son nom à l'Établissement.

Rollin se transporta à Ste-Barbe le 19 mai 1696. Il procéda à un interrogatoire, d'où résulta le triste aveu que depuis onze ans pas un compte n'avait été rendu. Ceux du Procureur étaient prêts pour les quatre dernières années, mais avant de les faire connaître, il exigeait que le Principal eût produit les siens. Le Recteur et sa suite se constituèrent en tribunal. Le syndic de l'Université, exerçant les fonctions de procureur général, requit contre Louis de la Roche qu'il eût à présenter une partie de ses comptes dans le délai d'un mois, et la totalité à la fin du trimestre, sinon qu'il fût considéré comme déchu de la dignité de Principal. Le bon Rollin ne put pas se décider à mettre tant de rigueur dans sa sentence. Il maintint l'obligation de se libérer aux termes requis ; mais quant à la déchéance, il en atténua la menace en disant que, si les choses n'étaient pas faites à temps, on verrait à tenir compte des conclusions du syndic. User d'un pareil ménagement à l'égard de M. de la Roche, c'était l'encourager à l'impénitence finale dans laquelle il mourut un quart de siècle après (1).

L'action bienfaisante du Procureur se manifesta encore par de sages économies et par la création de plusieurs bourses. Son influence grandit tellement que sa promotion à la principalité parut toute naturelle lorsque son prédécesseur tomba malade, au mois de décembre 1719.

A partir de ce moment, Simon Ménassier n'aura plus qu'une idée, qu'un but, celui de rentrer en possession de tous les bâtiments de Ste-Barbe; il consacrera tous ses efforts à la réalisation de ce désir. Le pensionnat, que l'abbé Gillot a fondé, a pris une importance considérable et sa réputation est allée croissant, d'année en année. S'il était pos-

----

(1) *Histoire de Ste-Barbe,* par Quicherat.

sible d'annexer au Collège les 250 internes de la Communauté, avec le personnel des maîtres qui les forment, on ferait renaître pour lui une ère d'éclatante prospérité. Mais le Principal s'épuisera en procès, durant de longues années, et il ne recueillera sous sa direction une partie de la clientèle tant rêvée que lorsque le roi Louis XV, reprochant aux Gillotins d'inspirer à la jeunesse des principes de révolte, aura fait intervenir le lieutenant-général de police pour dissoudre la Communauté. Cette mesure, provoquée sans nul doute par les agissements des Jésuites, fut prise en 1730 sous la supériorité de l'abbé Besoigne qui avait succédé à Th. Durieux. Quoi qu'il en soit, Simon Ménassier a laissé des souvenirs de succès, de bonne renommée qui doivent rendre son nom éternellement cher à Ste-Barbe-Rollin.

Après la mort de Thomas Durieux, l'abbé Besoigne n'avait reçu la direction de la Communauté que pour en voir contester l'existence légale. Il n'était Supérieur que de nom, administrant sous la tutelle de l'habile Principal du Collège. Une décision royale ne tarda pas à l'exiler, frappant avec lui la plupart de ses collaborateurs : on avait accusé les Instituteurs gillotins de répandre les doctrines jansénistes et de ressusciter l'esprit de Port-Royal.

Le chapelain d'alors, homme vaniteux et intrigant, s'était tenu dans une prudente réserve. Il ne fut pas

compris dans la disgrâce générale et obtint le titre
de Supérieur de Louis XV lui-même qui, par ordonnance du 27 novembre 1730, venait d'ériger la Communauté et le Collège de Ste-Barbe en Établissement
d'instruction publique. Pour donner à cet acte une
consécration plus officielle il fut décidé que la
cassette royale entretiendrait un certain nombre
de boursiers dans l'Établissement et, aussitôt, le
nombre des pensionnaires s'accrut dans une proportion considérable. L'abbé Gaillande, que nous n'a-
vons pas encore nommé, était donc bien en cour.
Enhardi par la haute faveur dont il est l'objet, il
s'engage dans des dépenses de toutes sortes et obtient
de l'Université des fonds pour acheter à Gentilly
une maison de campagne. Il y conduira les élèves
une fois par semaine et cette maison procurera un
séjour agréable aux jeunes gens qui ne pourront pas
se rendre dans leur famille durant les vacances scolaires. L'institution était bonne assurément, mais
le moment n'était pas encore venu de faire de telles
acquisitions. Gaillande avait peu à peu compromis
la situation financière de Ste-Barbe; il n'avait jamais
pris conseil de personne. Bien que Ménassier lui
eût recommandé d'user des capacités du successeur
qu'il s'était appliqué à former, nous ne voyons
apparaître le nom de Jacques de la Maison qu'au
bas d'une affiche-prospectus dont voici le texte:

« On fait toutes les classes, dans ce Collège, avec
une très grande régularité. La nourriture ordinaire

pour le dîner, est la soupe, le bouilli, le dessert, de l'abondance, et, à souper, du rôti et de la salade trois fois par semaine. On y donne une entrée de plus les jours gras, et les jours maigres deux plats. Principal : DE LA MAISON. »

Il faut croire que, dès cette époque, pour beaucoup dé familles la préoccupation du bien-être et le souci de la nourriture l'emportaient sur le désir de procurer une bonne instruction à leurs enfants.

Gaillande avait laissé, en 1754, une succession tellement ingrate, une situation si obérée, que les Supérieurs qui vinrent après lui, administrèrent S\ :te\-Barbe au milieu des plus grosses difficultés. Nous les citerons par ordre de date : Machet, Ducrocq et l'abbé Thébault. Ce fut Ducrocq qui fit vendre la maison de campagne de Gentilly afin d'éteindre les dettes et de constituer un fonds de réserve pour les besoins éventuels de l'Établissement.

Le docteur en Sorbonne Seconds, qui fut appelé à diriger la Communauté à partir de l'année 1757, était un homme d'un rare mérite pour le chapitre des études et capable, s'il en fut, de pousser les élèves dont l'instruction lui était confiée; mais pour l'administration on ne vit jamais plus pauvre tête (1). Il retombe dans les fautes de l'abbé Gaillande, il

______

(1) *Histoire de S\ :te\-Barbe*, par Quicherat.

entreprend des réparations ruineuses à la maison de Gentilly, enfin il applique à ses besoins privés les revenus du Collège. Des années se passèrent et, pour dissimuler ses torts, le Directeur en vint à user d'expédients voisins de la fraude. Une faillite paraissait imminente lorsque la Sorbonne décida d'intervenir.

Entre temps, les anciens Supérieurs et maîtres de Ste-Barbe étaient revenus de l'exil. A leur tour ils avaient juré la ruine des jésuites, principaux auteurs de leur proscription. Ils se concilièrent facilement l'appui des gens de robe qui avaient conservé, eux aussi, le souvenir des actes arbitraires dont les jésuites avaient été les instigateurs. Les parlements, en France, méditaient d'ailleurs un vaste plan d'éducation nationale, avec l'État pour modérateur absolu. On réclamait de toutes parts que la Compagnie fermât ses noviciats et modifiât tout au moins le régime de ses collèges. Elle se crut trop puissante pour accepter la moindre transaction et, à toutes les demandes, elle opposa la fameuse réponse *sint ut sunt, aut non sint* qui amena son expulsion du royaume en 1762.

La plupart des Collèges avaient tiré profit de la fermeture des Établissements des jésuites. Comme eux, Ste-Barbe avait vu croître le nombre de ses élèves et pourtant la mauvaise administration de Seconds l'avait privée des ressources les plus essentielles. Nous avons dit plus haut que la Sorbonne et l'archevêque de Paris étaient intervenus. Ils changèrent le gouvernement de la maison et en confièrent la direction au prêtre Baduel, Supérieur local des théologiens et des philosophes. Une ordonnance du 24 septembre 1773 en modifiait également la constitution ainsi qu'il ressort des termes du règlement ci-après :

« Nous, Christophe de Beaumont, archevêque de Paris, Proviseur de Sorbonne, sur le compte que nous nous sommes fait rendre des forme et constitution actuelles du gouvernement de la maison et communauté de Ste-Barbe, et voulant remédier aux abus présents et à venir, maintenir l'esprit de piété et de régularité, écarter tout ce qui pourrait porter atteinte aux études et à la subordination, ordonnons :

« Il n'y aura désormais qu'un seul et unique Supérieur de toute la maison et communauté de Ste-Barbe, composée de théologiens, de philosophes, et d'humanistes, lequel résidera continuellement dans ladite maison. L'étude des belles-lettres et des humanités relèvera de lui. Le Supérieur unique pourra être en même temps chargé de la supériorité immédiate et particulière des théologiens et philosophes. Il sera nourri, logé, chauffé, blanchi, éclairé aux dépens de la maison, et il aura 900 livres d'honoraires, s'il réunit les supériorités. Il ne dépendra que de nous et de nos successeurs.

« Nommons le sieur Antoine Baduel, prêtre du

diocèse de St-Flour, Supérieur local des théologiens, des philosophes et des humanistes.

« Nommons commissaire-rapporteur de l'archevêché M. l'abbé Jean-Joseph Seconds, prêtre de notre diocèse, docteur de Sorbonne, principal du Plessis.

« Le Supérieur local admettra seul, selon notre bon plaisir, après les examens ordinaires, les sujets et les renverra. Lui seul donnera attestation aux maîtres ou élèves, pour être admis aux saints ordres. Il signera les permissions de sortir dont les jeunes gens auront besoin. En cas de maladie, il sera remplacé par le Procureur pour le gouvernement de la maison. Il dira une des deux messes de la Communauté qui sont dues par jour.

« Un seul Procureur sera chargé de la recette et de la dépense, et il sera subordonné au Supérieur. Ses honoraires iront à 400 livres. Il arrêtera les comptes tous les mois avec le Supérieur, et tous les ans, en octobre, devant le commissaire.

« Il y aura un Préfet des études pour les humanistes, nommé par nous, constitué dans l'ordre de prêtrise, et qu'on prendra, autant que possible, parmi les anciens élèves de la maison. Cet officier sera subordonné également au Supérieur ; il acquittera, comme celui-ci, une des deux messes de la Communauté. Ses honoraires seront de 400 livres.

« Les maîtres particuliers seront au nombre de dix-huit, dont deux pour la théologie, quatre pour la philosophie et douze pour les humanités. Ceux de théologie auront deux voies de bois et 150 livres d'honoraires ; ceux de philosophie, 100 livres d'honoraires, et le plus ancien, deux voies de bois en sus. Les maîtres de rhétorique toucheront 200 livres ; ceux de seconde et de troisième, 150 livres ; ceux des basses classes, 100 livres. Ils dépendront du Préfet des études et du Supérieur » (1).

D'après ce document, on voit que l'archevêque de Paris considérait désormais Ste-Barbe comme un séminaire et de fait, sous l'abbé Baduel, le Collège présentait bien ce caractère. Nous pouvons en juger encore par le régime d'éducation qui s'y trouvait inauguré et dont Lefeuve nous fait le tableau ci-après :

« Ste-Barbe est citée comme une des meilleures maisons. Les quartiers sont de fait moins divisés qu'au temps où chacun d'eux avait son Supérieur, car alors l'émulation dégénérait parfois en jalousie, en animosité de quartier à quartier. Antoine Baduel maintient plus aisément chacun dans son district : les maîtres ne portent plus au tribunal du Supérieur principal leurs plaintes assez fréquentes contre les Supérieurs locaux, plaintes qui n'étaient pas sans contrarier la subordination, et qui, d'ailleurs, mortifiaient le vaincu, s'il y avait lieu de réparer ses torts. Le régime particulier de la Communauté

____

(1) *Histoire du Collège Rollin*, par Lefeuve.

embrasse, sous Baduel, avec l'unité désirable, quatre objets principaux : la religion, les études, la santé des écoliers, enfin l'économie dans les dépenses.

« Ainsi il y a toujours, comme sous Gaillande et sous Machet, deux retraites tous les ans, l'une de quatre jours, et l'autre à Pâques, d'une semaine. Tous les jours, on récite des versets de l'Ecriture sainte. Les samedis au soir, chaque maître fait une petite instruction dans sa classe, et, le dimanche matin, le Supérieur fait, avant la grand'messe, une explication de l'Evangile, en forme d'homélie, devant tous les élèves ; aux grandes fêtes, tout l'office est célébré dans la chapelle. Les mœurs de chaque écolier sont incessamment surveillées pour que l'éducation aille constamment de pair avec l'instruction. L'insubordination systématique est réduite par l'exclusion de Ste-Barbe. La plupart des ouvrages du jour sont prohibés, parce que les uns feraient suivre aux jeunes gens un cours de galanterie, sous le prétexte d'ouvrir leur imagination, et que les autres tendent à séculariser ou à anéantir le christianisme. L'amitié trop intime n'est pas moins interdite entre deux écoliers que l'églogue où Virgile a chanté Corydon, Corydon (Alexis). Nul étranger n'étant admis dans la Communauté, les parents seuls ou leurs représentants peuvent rendre visite aux jeunes gens. Une fois par mois seulement, il y a sortie, le dimanche ; encore les élèves ne sont-ils confiés qu'à leurs familles, ou tout au plus à des correspondants, si ce sont des personnes graves. Jamais, sauf le cas où il perd son père ou sa mère, un élève n'a la faculté de franchir le seuil de Ste-Barbe, un jour de classe. Pendant le carnaval, nul ne quitte la maison; le règlement veut même que, les jours de sortie, la liberté de l'écolier commence à onze heures pour finir à six; de cette façon, il a tout le temps de s'asseoir à la table de ses parents, puisqu'on dîne partout à deux heures, et il lui est de toute impossibilité d'aller au spectacle le soir. Il faut qu'il se présente, en rentrant, chez le Supérieur. »

Antoine Baduel n'avait pu conserver la propriété de Gentilly que comme l'usufruit d'une propriété royale; il se servait souvent de l'ancienne maison de campagne pour donner des fêtes dont le principal attrait consistait dans les représentations scéniques organisées par ses élèves. Ce genre de distractions intelligentes ne manqua point d'éveiller parmi eux le goût des études littéraires et elles brillèrent alors d'un vif éclat à Ste-Barbe sous l'impulsion d'un Préfet d'humanités dont nous pouvons parler déjà puisque nous le retrouverons plus tard à la tête de l'Établissement. Voici le portrait qu'en fait Quicherat :

« Le jeune Nicolle, reçu dans la Communauté, s'éprit d'un ardent amour pour elle et pour les fonctions de l'enseignement. Il avait devant les enfants la fermeté qui manquait à l'abbé Baduel; il avait aussi l'enthousiasme qui s'impose. Le mot de sa jeunesse était qu'il se sentait dévoré d'une fièvre de bien public; mais cette ardeur n'excluait pas chez lui le sentiment de son bien particulier. Il était ambitieux, sinon de l'ambition qui aspire aux postes éminents, du moins de celle qui recherche les applaudissements de la société brillante. La nature avait mis en lui tout ce qu'il faut pour réussir dans le monde, une figure attrayante, la parole agréable, de la finesse et de la souplesse. Fils de paysan, il fut vivement touché de ses premiers succès auprès des grands, et il se promit de les poursuivre. »

Un autre brillant élève de la Communauté, Joseph Planche, y était revenu comme professeur en 1784. Quatre années après, ses qualités pédagogiques inspiraient au Supérieur Baduel une confiance assez grande pour qu'il le chargeât d'aller diriger à Gentilly une succursale de la Communauté. On était obligé de donner ainsi satisfaction aux familles qui avaient réclamé depuis longtemps l'admission de plus jeunes enfants dans des classes inférieures. Cette fondation et les succès que remportaient les grands élèves dans les concours généraux prouvent surabondamment le degré de prospérité qu'avait de nouveau atteint Ste-Barbe.

Les trois noms de Baduel, de Nicolle et de

Planche méritent bien une place d'honneur dans l'histoire de cet Établissement.

Nous avons trouvé dans les archives de la Bibliothèque du Collège Rollin un cahier manuscrit qui renferme plusieurs pièces de vers latins composées par les élèves de 1782 à 1786. Il a pour titre : *Carmina in sodalitio sanctæ Barbaræ decantata, cum Patronæ suæ diem festum celebraret.* Tous les sujets y étaient abordés, et avec la plus grande liberté d'esprit, de la part des jeunes auteurs. Pour en donner une idée nous reproduirons la pièce suivante qui fut écrite le jour même où l'Administration du Collège avait fait placer à la grille de la porte d'entrée des plaques de fer qui empêchaient de voir dans la rue :

QUERELÆ RHETORICES ALUMNI

Claudimur, ô Socii, vero jam carcere; nostros
Olim claustra pedes hinc tantum exire vetabant;
Nunc ipsos prohibet compages ferrea visus;
Ergo valejam nunc vicinia tota; valete
Rhemensem quicumque viam lustrare soletis ;
Jam non ante oculos transibunt ordine longo
Matres atque viri, juvenesque, senesque vicissim,
Rhetor. causidicus, tonsorve in vestibus albis,
Veste vel in nigrâ Doctor, nunc molle susurrans
Musicus, aut vates blando sua carmina risu
Ipse sibi recitans, lepido nunc trossulus ore
Electo ponens vestigia singula saxo.

Hæc oculos quondam recreabat scena; peracta est
Fabula; clauserunt ferrata aulœa Theatrum.
Undique parietibus teneor conclusus opacis,
Captivisque oculis spectacula cernere cogor
Dudum nota mihi; nunc tædet semper eosdem
Hic vultus, facies hic cernere semper easdem,
Quo me cumque fero atque errantia lumina verto,
Discipulos semper video, semperque Magistros.
Parva queror; majora mihi lugenda supersunt.
Olim, si validis pila surgeret actá lacertis
Altior, atque domus trans ardua tecta volaret,
Protinus inclamans currebam ad claustra, pilamque
Sæpius ingeminans iterumque iterumque rogabam.
Nec mora; dum supplex oro quoscumque, viator
Justitiæque tenax et servantissimus æqui,
Hanc persæpe mihi dextra referebat amica;
Atque ego, cum dignas tanto pro munere grates
Reddideram, ad socios lætus saliensque redibam.
Nunc vano clamore pilam, vanisque reposco
Vocibus; heu! Voces impervia claustra repellunt.
Interea Domino non redditur illa priori,
Atque aliis pulsanda fugit, jam non mea, palmis.
Ergo humilem cogor nunc ludens radere terram
Atque pilam tenui pulsare inglorius ictu.
Quin etiam, sicco dum gutture lassus anhelo,
Exhaustæ voces emptis uvescere pomis
Jam nequeunt; murus nam ferreus obstat ementi
Vendentique simul. Tristis Pomona recedit,
Heu! plenis referens venalia dona canistris
Et sublata sibi commercia luget, utrique
Dum reddit Lodoix commercia libera mundo.
Jam fugere nuces, fugerunt casea nota,
Castaneæque simul molles et dulcia poma.
Si quando vetitos egomet mihi forte paravi
Arte aliquâ fructus, quæsitis parcere cogor

Providus, atque siti Pyra seposuisse futuræ.
Sed quid vana queror? non mutant fata querelæ.
Ferrea compages manet æternumque manebit.
Durum; sed levius reddit patientia, quidquid
Emendare nefas; discendi credite Flacco.

Année 1786.

Il nous sera permis, après avoir publié ce document, d'affirmer avec quelques-uns des écrivains qui nous ont servi de guide dans notre travail que si le Collège Rollin n'a pu hériter dans la suite du nom et des bâtiments de Ste-Barbe, il en aura conservé du moins les traditions et les archives, c'est-à-dire les preuves les plus manifestes d'une succession régulière.

CHAPITRE II

L'Institution Ste-Barbe-Nicolle

Pour continuer cette étude, nous né pouvons mieux faire que d'emprunter à M. V. Chauvin l'exposé si précis des faits qu'il a présentés à propos des origines du Collège Rollin, dans son *Histoire des Lycées et Collèges de France.*

« La révolution de 1789 avait interrompu le cours des études : en 1791, les bâtiments furent pillés, et les derniers habitants du Collège réduits à prendre la fuite. Dès que la tourmente fut passée, Ste-Barbe, dénommée Collège des sciences et des arts, se réorganisa sous l'habile direction de M. Victor de Lanneau, et marcha rapidement, à travers quelques vicissitudes, vers sa prospérité actuelle. Pendant ce temps, se fondait aussi, des débris de l'antique Ste-Barbe, le futur Collège Rollin.

« En 1788, nous l'avons dit plus haut, M. Planche avait reçu la direction des plus jeunes élèves de la

Communauté, réunis dans la maison de campagne de Gentilly, que Louis XV avait donnée jadis à Ste-Barbe. Quand les maîtres de Paris furent dispersés, il resta encore pendant trois ans avec ses élèves, et continua à les instruire comme dans un pensionnat particulier : cet enseignement dura jusqu'en 1794.

« Interrompu trois ans, il fut repris en 1797 par MM. Planche, Gondouin et Parmentier, mais cette fois à Paris, dans les bâtiments de la communauté des femmes de Ste-Aure, situés rue Neuve-Ste-Geneviève. Là, sous le titre d'*Association des anciens élèves de Ste-Barbe*, vivaient en famille, et délivrés du régime militaire qu'on imposait partout, soixante élèves environ, avec cinq ou six maîtres de l'ancienne Communauté, ralliés dans cet asile tranquille après les orages révolutionnaires.

« En 1806, M. Planche rentra exclusivement dans la carrière du professorat en acceptant une place au Lycée Napoléon, et Parmentier, s'associant avec l'abbé Cottret, transféra l'Établissement rue des Postes, dans les bâtiments du couvent des religieuses de la Présentation Notre-Dame, qui avait été vendu, en 1799, comme propriété nationale. Là, le nombre des élèves s'accrut rapidement et il fallut augmenter celui des maîtres. Il fallut aussi, jusqu'à ce que la maison fût devenue de plein exercice, suivre les cours des Lycées, et les élèves allèrent d'abord à Louis-le-Grand, puis à Henri IV, enfin à

Saint-Louis. En 1815, les frères Nicolle achetèrent en même temps Gentilly, la campagne de l'ancienne Ste-Barbe.

« Nous disons l'ancienne Ste-Barbe, car il y avait alors à Paris une double Ste-Barbe, toute moderne, et, pendant quinze ans au moins, une lutte très vive et très variée s'engagea entre les deux Établissements pour la possession exclusive du titre de l'antique maison qui avait été leur berceau commun.

« Parmentier avait donné à sa pension de la rue des Postes le nom de Communauté de Ste-Barbe; d'un autre côté, Victor de Lanneau, fondateur de l'École des sciences et des arts, installée dans les bâtiments de l'ancienne Ste-Barbe, rue de Reims, avait cru pouvoir reprendre ce titre, comme un héritage vacant.

« Ce dernier avait en effet pour lui le fait, la forme, la succession locale, la religion du sol; la maison de la rue des Postes avait pour elle : le fond, le droit, la tradition orale, la filiation scolastique directe, les antécédents personnels. Elle était soutenue par le *Journal des Débats,* notamment par de Féletz, Dussault et Lemaire, qui la défendirent les deux premiers par leurs articles, le troisième en vers latins.

« Ils trouvèrent des adversaires dans des hommes devenus célèbres depuis : MM. Vatout, Scribe et Villemain qui se distinguèrent dans cette guerre à coups d'hexamètres.

« L'autorité administrative donna plusieurs fois gain de cause à Victor de Lanneau, notamment en 1808 et en 1818; mais enfin, l'abbé Charles Nicolle, l'un des deux Directeurs de la rue des Postes, étant devenu chef de l'Académie de Paris, la question fut, en 1821, tranchée dans son intérêt, avec quelques modifications destinées à sauver les apparences. »

Un article de l'ordonnance 1821 portait que le Conseil royal pourrait convertir en collèges de plein exercice « les maisons particulières d'éducation qui auraient mérité la confiance des familles tant par leur direction morale et religieuse que par la force de leurs études ». Deux établissements à Paris obtiennent cette honorable distinction. Le 2 juillet 1821, le Collège Stanislas et le Collège Ste-Barbe sont érigés en collèges de plein exercice par le roi Louis XVIII. A partir de ce moment, cette maison peut légalement se suffire à elle-même et donner dans ses murs un enseignement qu'elle était obligée d'aller en partie demander ailleurs. Bientôt elle devient de plus en plus florissante, et, en 1826, la première cité du monde, la Ville de Paris, la déclare *Collège Municipal*. Dès lors, dégagée du provisoire, placée sous l'autorité directe de la Ville, qui achète et fait agrandir ses bâtiments, régie par un Bureau d'Administration pris dans le sein du Conseil Général de la Seine, ayant, comme les collèges royaux, le plein exercice, le droit de prendre part au grand concours, la surveillance et la protection de l'Université, elle voit accourir dans ses murs une jeunesse nombreuse, et le Prix d'honneur de rhétorique, remporté l'année suivante, justifie hautement la confiance dont la Ville de Paris l'a honorée. Depuis ce temps, le patronage bienveillant et éclairé de la Ville n'a pas un seul instant fait défaut à son collège d'adoption ; et, sous les gouvernements qui se sont succédé en France, au milieu même des plus graves préoccupations, les intérêts des élèves et des maîtres ont toujours trouvé dans les représentants de la grande cité la plus vive sympathie.

Nous donnons ci-après la copie de deux pièces authentiques, conservées à Rollin, qui fixent les circonstances et les conditions dans lesquelles s'effectua le transfèrement de Ste-Barbe dans l'immeuble de la rue des Postes.

Note émanant du Bureau des Perceptions municipales

La maison conventuelle de la Présentation a été adjugée par le Domaine national le 11 Messidor an V à un sieur Helliot qui en a passé déclaration de command au profit d'un sieur Aubert.

Un décret impérial du 21 Mars 1812 a désigné le pensionnat Parmentier situé rue des Postes *(ancien couvent de la Présentation)* comme devant

3.

être acquis pour y établir l'un des quatre Lycées (aujourd'hui Collège Rollin) dont la création était ordonnée en principe par un décret du 15 novembre 1811.

La Ville de Paris a poursuivi l'expropriation de cet immeuble sur le sieur Aubert en exécution du décret de 1812 et, suivant jugement du tribunal de première instance de la Seine en date du 19 avril 1815 rendu en conformité de la loi du 8 Mars 1810, la Ville a été autorisée à se mettre en possession de la totalité de l'emplacement et des bâtiments qui composaient l'ancienne maison conventuelle. Par ce même Jugement la valeur de la propriété a été fixée à 244,023 francs.

Appel par la Ville contre cette valeur qui est fixée définitivement à 168,400 francs par arrêt de la cour Royale du 22 Juillet 1816.

Refus du sieur Aubert. — Jugement du Tribunal de première instance du 1er février 1817 qui ordonne que le sieur Aubert sera tenu de réaliser la vente, sinon qui autorise le sieur de Gaucourt, créancier du sieur Aubert, à signer valablement tous actes nécessaires.

Opposition par Aubert. — Le 27 août suivant, Jugement du même Tribunal qui déboute Aubert.

Enfin, le 14 janvier 1818, acte passé par le secrétaire général de la Préfecture de la Seine, contenant vente par le sieur de Gaucourt à la Ville de Paris moyennant le prix principal de 168,400 francs.

EXTRAIT

DU REGISTRE DES DÉLIBÉRATIONS DU CONSEIL ROYAL DE L'INSTRUCTION PUBLIQUE

—

Procès-verbal de la séance du 2 Juillet 1822

—

Le Conseil royal de l'Instruction publique,

Sur la demande de M. Henri Nicolle, Directeur du Collège particulier de la rue des Postes,

Autorise M. Nicolle à donner à cet Établissement le nom de *Collège de Ste-Barbe.*

> *Le Grand-Maître,*
> Signé : † D.
> Évêque d'Hermopolis.

Le Conseiller secrétaire général,
Signé : PETITOT.

POUR EXPÉDITION CONFORME :
Le Conseiller secrétaire général,
Signé : PETITOT.

POUR COPIE CONFORME :
Le Conseiller Recteur de l'Académie,
C. NICOLLE.

Suivent les documents qui relatent les négocia-tions et les actes officiels ayant trait à la transformation de l'Institution privée Ste-Barbe en Collège Municipal :

Le Conseil Général du Département de la Seine, faisant fonctions de Conseil Municipal de Paris,

Vu le rapport de M. le Préfet de la Seine, en date du 29 mars 1826,

Vu également le rapport particulier qui lui avait été fait par le Conseil d'Administration du Collège de Ste-Barbe, dans une de ses précédentes séances,

Et prenant en considération les faits énoncés dans celui-ci et les propositions énoncées dans le premier,

Délibère ce qui suit :

Le Conseil Général a toujours été conduit dans la partie de l'administration qui lui est confiée par deux motifs d'une égale importance, celui d'améliorer autant qu'il est possible la situation de la Ville sous tous les rapports d'intérêt public, et celui de ne dépenser qu'avec la plus sévère économie les fonds dont la surveillance lui est confiée.

Au nombre des objets sur lesquels le Conseil Général a dû principalement attacher son attention, était l'instruction publique ; rétablie sous le dernier Gouvernement, dans tout ce qui tenait à la culture des lettres ou des sciences, elle avait été complètement abandonnée dans tout ce qui tient à la morale et à la religion : ce grand lien du devoir qui retient seul les sociétés réunies n'a reparu en quelque sorte qu'au retour de l'autorité légitime et avec la

famille de nos Rois ; dès lors on a pu ajouter aux
études, cette direction nécessaire. Dès lors, la Ville
de Paris s'est efforcée de rétablir dans son enceinte
de grandes institutions autrefois dépositaires, hé-
ritières aujourd'hui des principes de la sagesse,
de l'instruction de l'ancienne Université, et qui
contribueront si puissamment à l'éclat de la nouvelle. Les collèges existants ont été réparés ; le collège de St-Louis a été disposé à grands frais ; le
collège de Stanislas et celui de Ste-Barbe ont été
puissamment secourus.

Mais le nombre des enfants qui viennent à Paris
chercher une instruction dont ils ont tant besoin,
augmente chaque jour ; les collèges Royaux sont
remplis ; la Ville pourra donc se trouver dans la
nécessité plus ou moins éloignée de penser à la création d'un nouveau collège communal. Or, des circonstances particulières pourront la mettre à même
de s'approprier aujourd'hui un établissement tout
formé, qui doit à la Ville sa conservation, sur lequel
elle exerce déjà un utile patronage ; le Conseil
d'Administration de Ste-Barbe lui propose la cession
de ce Collège. Le Préfet de la Seine, après avoir
examiné cette idée et les chances qui peuvent s'y
attacher, n'a pas hésité à l'adopter et a soumis au
Conseil Général ses propositions à cet égard. Ste-
Barbe est en ce moment un des collèges de la capitale le plus approprié à sa destination : de grands
bâtiments, un vaste terrain, un nombre considé-

rable de pensionnaires appartenant presque tous à des familles riches ou élevées ; un système d'enseignement tout à la fois religieux et sage, éclairé et solide ; des succès déjà nombreux obtenus dans les concours généraux ; enfin la participation déjà prise par la Ville dans les intérêts et la prospérité de cette maison sont autant de motifs oui ont décidé le Conseil Général à accepter la proposition de M. le Préfet de la Seine et à arrêter en principe qu'on pourvoirait aux moyens d'acquérir la maison et le Collège de Ste-Barbe pour devenir un collège communal appartenant à la Ville de Paris.

En prenant cette délibération, le Conseil Général obéissait au principe d'amélioration dont il a été parlé ci-dessus : tout lui commandait de chercher à concilier ce principe avec celui de l'économie sévère qui, ainsi qu'on le disait aussi, n'a jamais cessé de le diriger dans l'emploi des fonds de la Ville.

Le Conseil Général avait déjà l'expérience acquise de ce que peut coûter la création d'un semblable collège. Des sommes très considérables avaient été dépensées à St-Louis, et ce n'aurait été qu'avec un sensible regret que le Conseil Général se fût décidé, même pour l'établissement le plus utile, à recommencer une dépense de cette nature.

Mais les bâtiments et le terrain de Ste-Barbe appartenaient déjà à la Ville, en vertu d'une acquisition ancienne ; ce n'était donc plus que le mobilier, le droit d'exploitation, l'achalandage de la maison qu'il fallait acquérir. On avait semblé dès le traité de 1824 préparer les voies de cette acquisition, en statuant ce qui serait réservé au Directeur et ce qui appartiendrait à la Ville, au terme du bail des vingt années que le Directeur avait commencées ; cependant rien de positif n'était assuré pour cette époque. Le Conseil d'Administration et le Préfet évaluaient à 50,000 francs environ par année le bénéfice que l'Établissement pouvait produire, et ces 50,000 francs pendant vingt années étaient plus que suffisants pour éteindre les dettes de l'Établissement et pour assurer au Directeur un bénéfice considérable. Si la Ville se rendait propriétaire du Collège, ces 50,000 francs devaient donc servir à lui rembourser les avances qu'elle aurait faites.

Ainsi l'acquisition de Ste-Barbe devenait pour la Ville une des moins onéreuses charges et une des opérations les plus avantageuses qu'elle pût faire ; car elle y trouvait à la fois :

Le moyen de conserver et d'améliorer un grand établissement ;

La possibilité de se donner dès à présent un collège communal ;

La garantie des sommes déjà dépensées pour l'acquisition du terrain et des bâtiments ;

La possibilité de se rembourser des sommes qu'elle avancerait.

Ces sommes sont de deux natures : les dettes de

l'établissement et l'indemnité du Directeur : les unes et les autres réunies montent à 510,000 francs ; mais les calculs contenus dans les deux rapports qui sont sous les yeux du Conseil Général démontrent qu'un bénéfice possible et probable de 50,000 francs par année aura couvert ces avances en douze années ; ce ne sont donc véritablement que de simples avances proposées au Conseil Général, avances qui, d'ici à douze ans, pourront être à sa volonté ou remboursées ou employées en améliorations, avances dont l'intérêt net sera la possession d'un grand collège habité par plus de trois cents élèves, garni de son mobilier et préparé pour une propriété qui ne peut que s'accroître.

Par tous ces motifs, le Conseil Général a été d'avis de déclarer qu'il affecte une somme de 510,000 francs aux dépenses mentionnées dans le rapport de M. le Préfet de la Seine du 29 mars 1826 et d'adopter les propositions qui y sont contenues, et estime qu'il y a lieu de les arrêter ainsi qu'il suit :

1º La Ville de Paris est autorisée à résilier les baux en vertu desquels la jouissance des terrains et bâtiments composant la propriété par le Collège de Sᵗᵉ-Barbe, a été concédée à M. Nicolle pour vingt-quatre années qui devaient expirer le 1ᵉʳ janvier 1845 ;

2º La Ville de Paris se chargera d'acquitter les dettes contractées par l'Établissement jusqu'à concurrence au plus de la somme de 230,000 francs; elle payera en outre au propriétaire actuel de l'Établissement une indemnité de 280,000 francs pour sa renonciation au fond d'exploitation du pensionnat et pour la cession du mobilier. La somme totale à payer par la Ville, tant pour les dettes que pour l'indemnité, ne pourra en aucun cas excéder 510,000 francs;

3° A dater du jour où la résiliation aura fait cesser l'effet des baux existants, le pensionnat du Collège de Ste-Barbe sera administré au profit de l'Établissement, mais les bénéfices seront en premier ordre appliqués, ainsi qu'il sera réglé ci-après, au remboursement des avances à faire par la Ville, et résultant des charges de résiliation énoncées en l'article 1er;

4° Le Collège sera sous la surveillance immédiate d'un Conseil d'Administration composé de six membres choisis par le Conseil Municipal dans son sein, et du chef de l'Établissement.

Le Préfet, quand il le jugera convenable, prendra séance dans ce conseil et le présidera;

5° Le Conseil d'Administration connaîtra de tout ce qui concerne la direction des études, le personnel des fonctionnaires et maîtres, la tenue de la maison, son administration intérieure et sa comptabilité.

Il réglera le budget des recettes et dépenses de l'Établissement, déterminera le prix des pensions qui sera uniforme pour tous les élèves, fixera le traitement des divers fonctionnaires et vérifiera les comptes ;

6° Les principaux fonctionnaires du Collège seront : 1° le chef qui sera toujours un ecclésiastique et qui sera chargé de l'administration générale avec le titre de Supérieur ; 2° le Directeur, chargé, sous l'autorité du Supérieur, de l'administration immédiate du Collège, uniquement en ce qui concerne la discipline et les études ; 3° le Procureur-gérant chargé de la gestion économique sous l'autorité du Supérieur ; 4° l'Aumônier ; 5° les professeurs au nombre de dix ; 6° le Préfet des classes supérieures (il pourra, lorsque le Conseil d'Administration le jugera convenable, remplacer le Directeur en cas d'absence ou d'empêchement) ; 7° les préfets du moyen et du petit Collège ;

7° Lorsque la place du Supérieur deviendra vacante, le nouveau Supérieur sera nommé par le Conseil d'Administration qui s'adjoindra dans cette circonstance le Directeur, l'aumônier, le professeur de Philosophie et celui de Rhétorique.

Cette nomination sera confirmée par le Conseil Municipal et soumise ensuite par le Préfet à l'approbation du chef de l'Instruction publique.

Le choix du Directeur, de l'aumônier, des professeurs et des trois préfets sera fait par le Supérieur et soumis à l'approbation du Conseil d'Administration.

Le Procureur-gérant sera nommé par le Conseil

d'Administration approuvé par le Conseil Général et confirmé par le Préfet.

Ce fonctionnaire fournira un cautionnement de 50,000 francs en immeubles, ou en 2,500 francs de rentes sur l'État.

Le Supérieur nommera directement les fonctionnaires non compris en l'article 6 et les choisira parmi les candidats qui lui seront présentés par le Directeur.

Toutes ces nominations, excepté celle de Procureur-gérant, seront soumises à l'approbation du chef de l'Instruction publique.

Pendant les cinq premières années de l'exercice de chacun des fonctionnaires la nomination ne sera que provisoire.

Le choix des employés et gens de service se fera par le Procureur-gérant et approuvé par le Supérieur;

8º Tous les fonctionnaires désignés en l'article 6 auront dans le Collège le logement et la table. Cet avantage ne sera point accordé à ceux qui seraient mariés, et ils n'auront droit à aucune indemnité pour cet objet;

9º Un des membres du Conseil d'Administration, délégué chaque année par le Conseil, aura la surveillance spéciale de la gestion économique.

Toutes les pièces de dépenses avant d'être acquittées devront être revêtues du visa du Supérieur;

10° Le Budget réglé par le Conseil d'Administration sera soumis à l'examen du Conseil Municipal et à l'approbation du Préfet.

Le compte annuel des recettes et dépenses, clos au 1ᵉʳ octobre de chaque année et rendu par le Procureur-gérant, dans les trois mois suivants, sera adressé au Préfet avec les pièces justificatives pour être définitivement jugé en Conseil de Préfecture, conformément aux ordonnances des 21 mars 1816 et 21 mai 1817 ;

11° Le Procureur-gérant, sous sa responsabilité, ne pourra excéder dans ses payements les allocations faites au budget, ni changer l'affectation des crédits qui y auront été ouverts.

Néanmoins si des changements aux allocations du budget étaient reconnues indispensables par le Conseil d'Administration, ils seraient soumis aux mêmes formalités que le budget même ;

12° Un état de situation financière et économique du Collège, dressé par le Procureur-gérant, sera mis chaque mois sous les yeux du Conseil d'Administration, par le Membre spécialement chargé de la surveillance.

Copie de cette situation certifiée par le Procureur-gérant et visée tant par le Supérieur que par le Membre chargé de la surveillance, sera adressée au Préfet de la Seine, immédiatement après la séance ;

13° Les écritures de l'établissement continueront

d'être tenues en partie double, et le Procureur se conformera en outre pour l'ordre de la comptabilité et de la caisse aux instructions qui lui seront données par le Conseil d'Administration;

14° Quatre cinquièmes des bénéfices de l'Établissement seront prélevés chaque année et employés tant au remboursement des avances faites par la Ville qu'aux frais de nouvelles constructions et améliorations qui seraient jugées nécessaires et compris dès lors au budget de l'exercice suivant, dans un chapitre spécial de dépenses extraordinaires;

15° Le cinquième restant, mais qui dans aucun cas ne pourra excéder 10,000 francs, sera placé en rentes sur l'État pour former une masse destinée à assurer des pensions de retraite aux fonctionnaires principaux mentionnés à l'article 6.

A ce fonds sera joint le produit des vacances provenant du temps écoulé entre le jour de la démission, la retraite ou la mort de chaque fonctionnaire et le jour de l'entrée en fonctions de son successeur;

16° Ces pensions de retraite seront proportionnelles au traitement des cinq dernières années : elles ne seront accordées qu'après vingt-cinq ans d'exercice.

Exception pourra être faite en faveur de ceux que des infirmités bien constatées forceront à se retirer avant le temps prescrit et qui auront au moins dix ans d'exercice;

17° Les dix bourses entières et les vingt demi-bourses déjà fondées dans l'Établissement et qui sont à la nomination de la Ville sont maintenues.

Les vingt demi-bourses destinées seulement à ceux qui auront obtenu un prix au Collège, ou une nomination au concours général, ne seront données qu'à des élèves de cinquième ou d'une classe supérieure;

18° Le Collège de Ste-Barbe continuera de jouir des privilèges accordés aux collèges particuliers par l'ordonnance du 27 février 1821 et d'être soumis aux règlements relatifs aux dits collèges.

SIGNÉ AU REGISTRE :

BELLART, *président,*

et MONTAMANT, *secrétaire.*

(Séance du 30 mars 1826)

ORDONNANCE DU ROI

CHARLES, par la grâce de Dieu, Roi de France et de Navarre,

A tous ceux qui ces présentes verront, salut.

Sur le rapport de notre Ministre secrétaire d'État au Département de l'Intérieur,

Notre Conseil d'État entendu,

Nous avons ordonné et ordonnons ce qui suit :

ARTICLE PREMIER

Notre Conseiller d'État, Préfet du Département de la Seine, est autorisé à acquérir au nom de notre bonne Ville de Paris, du sieur Nicolle, Directeur du Collège de Sᵗᵉ-Barbe, le mobilier et le fonds d'exploitation de cet Établissement, aux clauses, charges et conditions énoncées dans la délibération prise le 30 mars 1826 par le Conseil Municipal, dont les dispositions sont approuvées sauf les modifications suivantes :

La nomination des membres du Conseil d'Administration du Collège et de tous les fonctionnaires ou employés de cet Établissement sera soumise à l'approbation de notre Ministre secrétaire d'État des Affaires Ecclésiastiques et de l'Instruction publique.

Le Collège de Sᵗᵉ-Barbe ne cessera pas d'être considéré comme un collège particulier. Il continuera, en conséquence, d'être soumis aux règlements universitaires relatifs aux Établissements de ce genre et notamment à l'ordonnance du 25 juin 1823 en ce qui concerne la retenue à exercer sur le traitement des fonctionnaires pour le fonds de retraite.

Le mobilier sera payé au Directeur d'après l'expertise faite contradictoirement.

Le Directeur sera dédommagé de sa renonciation au bail qui lui a été passé par la Ville de Paris, en touchant annuellement pendant tout le temps que ce bail aurait eu à courir les deux cinquièmes des bénéfices nets que présentera l'exploitation du Collège, après le prélèvement déterminé par l'article 15 de la délibération prise par le Conseil Municipal le 30 mars 1826.

ARTICLE 2

Nos Ministres secrétaires d'État de l'Intérieur et de l'Instruction publique sont chargés de l'exécution de la présente Ordonnance.

Donné en notre Château de Saint-Cloud, le 19 juillet de l'an de grâce mil huit cent vingt-six et de notre règne la deuxième.

Signé : CHARLES.

PAR LE ROI,
*Le Ministre secrétaire d'État
au Département de l'Intérieur,*

Signé : CORBIÈRE.

POUR AMPLIATION,
*Le Conseiller d'État secrétaire général
du Ministère de l'Intérieur.*

Signé : Baron CAPELLE.

POUR COPIE CONFORME,
Le Secrétaire-Général de la Préfecture,

Signé : DEFRESNE.

ARRÊTÉ DU PRÉFET DE LA SEINE

—

Nous, Conseiller d'État, Préfet du Département de la Seine,

Vu l'acte passé le 10 août 1826 par devant Me Marchoux et son collègue, notaires à Paris, entre nous agissant pour la Ville de Paris et N. G.-H. Nicolle, Directeur du Collège de Ste-Barbe, duquel acte il résulte :

1° Résiliation pour le 1er octobre prochain des baux qui donnaient audit M. Nicolle la jouissance des bâtiments occupés par le Collège de Ste-Barbe, rue des Postes ;

2° Vente faite par M. Nicolle à la Ville de Paris du fonds d'exploitation du Collège de Ste-Barbe, moyennant conditions entre lesquelles se trouvent pour la Ville de Paris l'obligation d'acquitter les dettes de l'Établissement à l'époque du 1er octobre 1826, mais seulement jusqu'à concurrence de la somme de deux cent trente mille francs ;

Vu spécialement la partie de l'acte ci-dessus visé où il est dit :

« Le 30 septembre au soir les Registres de la comptabilité du Collège seront arrêtés par un Membre du Conseil d'Administration assisté d'un commissaire désigné par le Préfet ; la situation de l'actif et du passif sera dressée, etc... »

4

Vu l'Ordonnance Royale du 19 juillet 1826, homologuant sauf quelques modifications la délibération du Conseil Municipal en date du 30 mars précédent, réglant entre autres choses la nouvelle organisation du Collège de Ste-Barbe;

Vu principalement les dispositions de cette délibération relative à la nomination des fonctionnaires et employés du Collège, notamment à la nomination du Procureur-gérant;

Vu la lettre en date du 10 août par laquelle S. Exc. le Ministre des affaires Ecclésiastiques et de l'Instruction publique nous annonce que le Roi a autorisé M. l'abbé Nicolle à remplir les fonctions de Supérieur du Collège de Ste-Barbe;

Considérant que les Membres composant le Conseil d'Administration qui, en vertu de l'Ordonnance Royale du 19 juillet précitée, a été nommé près du Collège de Ste-Barbe sont en grande partie absents de Paris; qu'il paraît y avoir impossibilité de réunir ce Conseil en nombre suffisant, assez tôt pour qu'il puisse, en premier lieu, désigner celui de ses Membres qui devra le 30 septembre arrêter les registres du Collège et faire dresser sous ses yeux la situation de cet Établissement, et en second lieu procéder à la nomination du Procureur-gérant;

Considérant que l'époque fixée pour l'opération dont il s'agit et pour la mise en activité de la nouvelle comptabilité du Collège ne peut être prorogée;

Arrétons :

ARTICLE PREMIER

M. Breton, Membre du Conseil Municipal et du Conseil d'Administration du Collège de Ste-Barbe, est nommé d'office pour procéder aux opérations ci-dessous énoncées.

ARTICLE 2

M. Martin St-Léon, chef de notre bureau des comptes, est nommé en qualité de commissaire pour assister M. Lebreton.

ARTICLE 3

Les fonctions attribuées au Procureur-gérant par l'Ordonnance Royale du 19 juillet 1826, et la délibération qui s'y trouve annexée, seront remplies par M. l'abbé Nicolle et sous sa responsabilité personnelle jusqu'à ce qu'il ait pu être procédé à la nomination du Procureur-gérant.

En conséquence, M. l'abbé Nicolle dirigera la gestion économique du Collège, ainsi que les opérations de caisse en recettes et en dépenses en se bornant pour ces dernières aux dépenses courantes ordinaires.

ARTICLE 4

Ampliations du présent arrêté seront adressées à

M. l'abbé Nicolle, à M. G.-H. Nicolle et à MM. Breton et Martin St-Léon.

Fait à Paris, le vingt-sept septembre mil huit cent vingt-six.

Signé : CHABROL.

POUR AMPLIATION,

Le Secrétaire général de la Préfecture,

Signé : DEFRESNE.

ORDONNANCE DU ROI

—

CHARLES, par la grâce de Dieu, Roi de France et de Navarre,

A tous ceux qui ces présentes verront, salut.

Sur le rapport de Notre Ministre Secrétaire d'État au Département de l'Intérieur,

Notre Conseil d'État entendu,

Nous avons ordonné et ordonnons ce qui suit :

ARTICLE PREMIER

Le Préfet du Département de la Seine est autorisé à acquérir, au nom de notre bonne Ville de

Paris, du Sieur Henri Nicolle, Directeur du Collège de Ste-Barbe, les deux cinquièmes à lui attribués par notre ordonnance de 19 juillet 1826, dans les bénéfices d'exploitation dudit Collège, pour la somme totale de 197,744 fr. 17 laquelle sera payée audit Sieur Nicolle ou à ses délégataires par portions avec intérêts à 5 p. 100 et aux époques indiquées dans le tableau approuvé le 2 juin 1827, par le Conseil d'Administration du Collège.

Moyennant le payement de ladite somme de 197,744 fr. 17 ainsi qu'il est réglé ci-dessus la Ville de Paris sera libérée de tout engagement vis-à-vis du Sieur Henri Nicolle.

ARTICLE 2

Notre Ministre Secrétaire d'État de l'Intérieur est chargé de l'exécution de la présente ordonnance.

Donné en notre château de Saint-Cloud, le 8 août de l'an de grâce mil huit cent vingt-sept et de notre règne le troisième.

Signé : CHARLES.

Sous sa nouvelle dénomination, le Collège continua fortement à prospérer. Plusieurs des anciens professeurs lui étaient revenus ; ils avaient renoué la chaîne des traditions, raffermi parmi les élèves la communauté des sentiments et des études. Grâce à eux et à l'influence de leur excellent Directeur, l'antique Ste-Barbe se perpétuait dignement dans sa jeune postérité.

Toutefois, en 1830, l'abbé Nicolle fut obligé de résigner ses fonctions ; son zèle pour l'éducation publique n'en fut pas refroidi. Il profita des loisirs qu'on lui faisait pour composer un livre qu'il a intitulé : *Plan d'éducation ou projet d'un collège nouveau.* Cet ouvrage, de l'importance duquel on pourra juger par la lecture du premier chapitre dont nous reproduisons le texte, était bien digne de l'homme qui avait consacré cinquante ans de sa vie à l'instruction et à la direction de la jeunesse. La distribution du travail dans les classes et tout le détail de l'enseignement, qui en forment la partie la plus considérable, sont traités avec une parfaite intelligence.

CHAPITRE Ier

ORGANISATION GÉNÉRALE DU COLLÈGE DE L'ABBÉ NICOLLE

Section I. — But spécial du Collège

Le but spécial du Collège sera d'offrir une école qui réunisse tous les avantages de l'éducation particulière, sans avoir les inconvénients ni de l'une ni de l'autre.

Un établissement de ce genre est réclamé par

beaucoup de pères de famille qui redoutent les collèges, mais qui sentent vivement l'insuffisance de l'éducation domestique; ils voudraient qu'on bâtît tout exprès un collège particulier, où l'on ne reçût point d'externes, autant pour soustraire les élèves aux influences étrangères, que pour assurer dans la maison une constante uniformité de principes et d'exemples; un collège où la discipline ne souffrît point du trop grand nombre des élèves, et où cependant, ils fussent assez nombreux pour que l'émulation, qui est la vie des études, y fût suffisamment entretenue; un collège où l'on n'admît les enfants qu'au moment où cesse l'éducation des mères, afin que leur éducation classique commençât et finît dans la même maison; un collège qui fût divisé en deux collèges distincts, l'un pour les enfants depuis huit ans jusqu'à treize, l'autre pour les jeunes gens de treize à dix-huit ans, afin que ces deux âges si différents et dont le mélange offre tant d'inconvénients, fussent constamment séparés l'un de l'autre; un collège enfin où le chef et les principaux fonctionnaires concourussent tous, dans une proportion déterminée, aux actes de l'administration, et formassent une association dont tous les membres seraient puissamment unis par une heureuse communauté d'intérêts.

Tel sera le collège projeté.

On n'y recevra point d'externes sous aucun prétexte; ainsi les parents n'auront point à craindre un mélange qui a toujours ses dangers, quelques précautions qu'on prenne pour les prévenir.

Le nombre des élèves sera fixé invariablement à trois cents, partagés en dix classes. La discipline et l'instruction s'accommodent également de ce nombre. S'il était plus considérable, il serait difficile aux maîtres d'études de suffire à tous les détails de la surveillance ; s'il était moindre, on ne pourrait espérer de faire naître et d'entretenir dans les classes cette émulation qui assure le succès de l'enseignement, et sans laquelle tout languit.

On n'y admettra point d'enfants qui aient plus de huit ans accomplis. Tous partiront ensemble du même point, tous arriveront ensemble au même terme. L'heureuse uniformité de principes et de méthode établie dans le collège ne sera point troublée par de nouveaux élèves, arrivant dans les diverses classes à diverses époques, formés d'après d'autres principes, et instruits d'après d'autres méthodes.

Le Collège sera distribué de manière qu'une moitié sera exclusivement destinée, sous le nom de *petit collège,* aux cinq classes inférieures, savoir : la huitième, la septième, la sixième, la cinquième et la quatrième ; et l'autre moitié, sous le nom de *grand collège,* aux cinq classes supérieures, savoir : la troisième, la seconde, la rhétorique et les deux années des sciences.

Enfin, les principaux fonctionnaires formeront un

conseil d'administration sous la présidence du chef, et s'assembleront à des époques fixes pour délibérer sur les intérêts de la maison, régler les comptes et préparer le budget. Ils constitueront, à proprement parler, le Collège : ils seront tous intéressés à faire du succès de la maison leur affaire propre, et ainsi leur intérêt particulier sera pour l'Établissement une garantie de prospérité et de durée.

Le Collège ne sera formé que successivement, comme on le voit. Il ne comprendra, la première année, qu'une seule classe, celle de huitième. On en ajoutera une chaque année, jusqu'à ce que l'Établissement soit parvenu à son entier développement. Cette organisation progressive offrira un grand avantage. Les trente élèves admis tous les ans suivront les exemples de ceux qui les auront devancés. Les professeurs et les maîtres qu'on appellera chaque année, et pour le choix desquels on aura eu tout le temps nécessaire, entreront avec empressement dans un ordre de choses qu'ils trouveront établi. Ainsi le Collège croîtra et s'affermira sous la constante influence d'un même esprit; ainsi se formera cette tradition de doctrines, de sentiments, d'usages, qui fait la prospérité des maisons d'éducation.

CHAPITRE III

Le Collège municipal Rollin

Le Collège était à peine depuis deux ans sous le patronage de la Ville de Paris, quand la mort de son Directeur appela à sa tête un chef qui déjà, depuis dix ans, au second rang où il était placé, avait su se concilier l'estime et l'affection générale. M. Defauconpret possédait l'esprit de gouvernement; il avait le caractère liant et sociable, un jugement solide et il aimait profondément la jeunesse : tel est l'ensemble des qualités avec lesquelles il allait administrer, pendant plus de trente-cinq ans, une maison qui lui devra un renouveau de gloire et de prospérité.

La révolution de 1830, qui survint un an plus tard, fut marquée pour le Collège par un changement de titre. Depuis plusieurs années le nom de Ste-Barbe était revendiqué par l'Institution qui, après la tourmente révolutionnaire, avait acheté les bâtiments de l'ancienne Communauté. Pour mettre un terme à des débats dont l'énergie prouve le prix qu'on attachait à la possession de ce nom, le Conseil Royal de l'Instruction publique décida qu'il serait définitivement attribué à celui des deux collèges qui occupait l'emplacement où l'on avait toujours connu Ste-Barbe. L'autre Établissement devait abandonner son premier titre pour prendre celui de Collège Rollin : n'était-ce pas la meilleure des fortunes que d'être amené à placer un établissement universitaire sous le patronage d'un homme dont le nom est resté si cher à l'Université?

Il nous paraît encore intéressant de mentionner ci-après quelques pièces, qui existent dans les archives du Collège, faisant connaître les clauses intervenues entre l'État et la Ville de Paris à l'occasion du changement de nom de l'Établissement.

Lettre du Préfet de la Seine au Directeur

Monsieur,

Conformément à la délibération prise par le Conseil Municipal le 17 septembre dernier, Monsieur le Ministre de l'Instruction publique et des Cultes a décidé que le Collège de Ste-Barbe cessera immédiatement de porter ce nom pour prendre la dénomination de Collège Rollin. Je vous invite en conséquence à donner les ordres nécessaires pour faire opérer sur le champ ce changement sur le tableau indicatif qui est placé au-dessus de la porte principale et extérieure de l'Établissement.

Je vous serai obligé de vouloir bien aussi veiller à ce que dès ce moment le nom de *Rollin* soit seul employé dans la correspondance ou dans tous autres actes de l'administration du Collège.

Agréez, Monsieur, l'assurance de ma considération distinguée.

Le Conseiller d'Etat, Préfet,

Signé : BANOS.

Paris, le 5 octobre 1830.

EXTRAIT

DU REGISTRE DES DÉLIBÉRATIONS DU CONSEIL ROYAL DE L'INSTRUCTION PUBLIQUE

Procès-verbal de la séance du 6 octobre 1830

Le Conseil Royal de l'Instruction publique,
Arrête ce qui suit :

ARTICLE PREMIER

La Maison d'Éducation dirigée par M. de Lanneau prendra la dénomination de l'Institution Ste-Barbe.

ARTICLE 2

Le Collège de plein exercice établi rue des Postes ⸜portera le nom de *Collège Rollin*.

Approuvé conformément à l'article 21 de l'Ordonnance royale du 26 mars 1829.

Le Ministre secrétaire d'État de l'Instruction publique et des Cultes.

Signé : Duc de Broglie.

POUR EXTRAIT CONFORME,
Le Conseiller exerçant les fonctions de Secrétaire,

Signé : V. Cousin.

POUR COPIE CONFORME,
*L'Inspecteur général des études, chargé de l'administration
de l'Académie de Paris,*

Signé : Romieu.

EXTRAIT

DU REGISTRE DES DÉLIBÉRATIONS DU CONSEIL
D'ADMINISTRATION DU COLLÈGE ROLLIN

Séance du 16 août 1831

Présents : MM. Cochin, Lafaulotte, Lebeau, Say et Tripier.

M. Lafaulotte fait au Conseil le rapport suivant :

Messieurs,

Les règlements du Collège Rollin ont été établis par plusieurs délibérations du Conseil Municipal.

En faisant ces règlements, nos prédécesseurs ont eu évidemment l'intention de créer une sorte d'esprit d'association et de communauté d'intérêts entre tous les fonctionnaires du Collège. Il en est résulté des différences assez marquées entre l'organisation de cet établissement et celle des Collèges Royaux.

Ainsi, au Collège Rollin, il n'y a pas de proviseur ni de censeur, mais un Supérieur, qui est ecclésiastique, un Directeur, un Préfet des classes supérieures et des Préfets du moyen et du petit collège.

Ainsi, dans les Collèges Royaux, les professeurs ne sont ni logés ni nourris, tandis qu'au Collège Rollin ils reçoivent la table et le logement pourvu qu'ils soient célibataires.

Le traitement fixe est bien le même, mais dans les Collèges Royaux les professeurs reçoivent en outre un droit éventuel de 90 francs par élève et une somme déterminée qui leur tient annuellement lieu de part dans les bénéfices, tandis qu'au Collège Rollin les professeurs n'ont aucun droit éventuel et restent véritablement associés aux bénéfices de l'Établissement, de telle manière qu'ils ne reçoivent rien lorsque les bénéfices sont nuls.

Dans le cas contraire et lorsqu'il y a lieu à partage, la portion qui leur revient est mise en réserve pour ne leur être distribuée avec les intérêts annuels qu'après vingt-cinq années de service ou lorsque des infirmités graves viennent après dix ans interrompre le cours de leurs travaux.

Une différence qui mérite encore d'être signalée c'est que dans les Collèges Royaux les professeurs ne prennent aucune part à l'administration de la maison et qu'au contraire au Collège Rollin quelques-uns d'entre eux sont appelés à s'adjoindre au Conseil d'Administration lorsqu'il s'agit de la nomination du Supérieur.

La plupart de ces différences sont l'objet de critiques de la part des fonctionnaires du Collège. Les professeurs surtout voudraient être assimilés à ceux des Collèges Royaux. Cependant, tout en réclamant les avantages dont jouissent ces derniers, ils demandent en même temps à prendre plus de part à l'administration de l'Établissement en se faisant appeler plus souvent au Conseil d'Administration pour concourir à la nomination des divers fonctionnaires.

Ces messieurs se sont réunis et d'accord entre eux ils sollicitent des modifications aux règlements existants.

Parmi leurs propositions, quelques-unes nous paraissent susceptibles d'être admises, d'autres d'être modifiées ou rejetées.

Nous allons vous faire connaître les unes et les autres et vous soumettre notre avis à leur égard.

Les fonctionnaires du Collège Rollin demandent :

1º La suppression de l'emploi de Supérieur et

l'attribution au Directeur de fonctions analogues à celles de Proviseurs dans les Collèges Royaux;

Nous ne voyons aucune difficulté à accéder à cette proposition. Il est évident qu'un seul Administrateur en chef doit suffire pour bien diriger un Établissement qui ne compte ordinairement que 300 élèves et qui, faute de logement, ne saurait en recevoir plus de 340.

M. l'abbé Faudet, Supérieur du Collège, est le premier à reconnaître que la maison peut se passer de ses soins.

Il y a d'ailleurs là une économie d'environ 7,000 francs qu'il est bon de faire.

2° La suppression de la table et du logement dont jouissent actuellement les professeurs;

Cette suppression est tout à fait en harmonie avec le nouveau système qu'il s'agit d'établir. La table et le logement étaient sans doute destinés à compenser les droits éventuels et, comme nous allons vous proposer d'allouer ces droits, il est tout naturel de faire cesser les avantages qui avaient été accordés pour en tenir lieu.

3° Le changement du titre de M. le Préfet des classes supérieures qui deviendrait Préfet Général des études avec des fonctions semblables à celles du Censeur dans les Collèges Royaux;

Cette disposition est peu importante; nous l'adoptons volontiers avec cette condition seulement, qu'en devenant Préfet Général des études le titulaire en cessera pas d'exercer les fonctions de préfet particulier du grand collège.

4° La non-limitation du nombre des professeurs qui, après avoir été fixé à dix par les règlements actuels, s'élève cependant à onze et pourrait peut-être s'accroître encore ;

Ici, Messieurs, il est bon de remarquer que le nombre des professeurs n'est pas réglé par la volonté du Conseil ou par celle du Directeur, mais bien par l'Université qui détermine les classes que les collèges doivent pourvoir de professeurs.

Il est donc impossible de limiter exactement ce nombre ; il faut seulement reconnaître que dans l'état actuel des choses onze professeurs sont nécessaires et que ce nombre peut varier en raison des classes dont l'Université ordonnerait la création ou la suppression.

Les articles 5 et 6 n'ont pas trait à la question.

7° Qu'il soit accordé à MM. les professeurs un droit éventuel de 90 francs pour chaque élève payant pension entière, ainsi que cela se pratique dans les Collèges Royaux ;

Cette disposition est la plus importante de toutes sous le rapport financier.

Ainsi qu'on l'a dit précédemment, le terme moyen du nombre des élèves du Collège Rollin est de 300. En déduisant de ce nombre trente boursiers et demi-boursiers, il reste 270 élèves payant pension

entière et qui, à 90 francs par tête, paieraient une
somme de. . . . . Fr.   24.300   »
qu'il faudrait allouer à MM. les professeurs.

Mais le surplus de dépense serait en
partie compensé par la suppression de
l'emploi de Supérieur qui donnerait
une économie d'environ 7,000 francs,
ci . . . . Fr.   7.000   »

Et par la suppression
de la table commune   } 20.000   »
dont on peut évaluer la
dépense à environ . . .   13.000   »

La dépense actuelle du Collège ne
serait donc augmentée que de. . Fr.   4.300   »

Peut-être trouverait-on encore en déduction de
cette somme quelques loyers à percevoir pour les
logements qui sont occupés par les professeurs et
qui vont devenir vacants, mais ces objets sont trop
peu importants et trop incertains pour être portés
en ligne de compte.

Quel que soit notre regret de voir s'augmenter
les dépenses du Collège Rollin qui a déjà tant coûté
à la Ville de Paris, nous sommes forcés de reconnaître, Messieurs, que, pour soutenir la concurrence
avec les autres Collèges et surtout dans l'intérêt
des bonnes études, il faut de bons professeurs et
qu'on ne peut se les procurer qu'en offrant à peu

près les avantages dont jouissent ceux des Collèges Royaux.

Il n'est donc pas possible de refuser le droit éventuel réclamé par les professeurs et auquel d'ailleurs ils acquièrent des droits par leur renonciation au logement et à la table. Nous pensons seulement qu'il peut être modifié et nous vous proposons de le fixer de la manière suivante, savoir :

A 80 francs pour chaque élève payant pension entière tant que le nombre des élèves payants ou non payants n'excédera pas 300.

Et à 100 francs pour chacun des élèves qui excéderait le nombre de 300 ci-dessus fixé;

8° Enfin, Messieurs, les fonctionnaires du Collège Rollin demandent que le cinquième des bénéfices nets des dépenses ordinaires continue de leur être attribué. Ils demandent en outre que ce bénéfice leur soit remis à la fin de chaque année au lieu d'être mis en réserve comme par le passé et que les sommes accumulées à leur profit jusqu'à ce jour leur soient immédiatement distribuées.

Ainsi que cela a déjà été dit, les règlements actuels accordent aux fonctionnaires le cinquième des bénéfices qui sont chaque année convertis en rentes sur l'État; mais ces messieurs n'acquièrent un droit définitif aux sommes ainsi cumulées qu'après avoir fait vingt-cinq années de services ou avoir été forcés par des infirmités graves de cesser leurs fonctions après dix années d'exercice.

Faute de remplir l'une ou l'autre de ces conditions, le fonctionnaire est privé de tout droit aux sommes qui avaient été provisoirement portées à son compte et qui dans ce cas sont réparties entre tous ses collègues.

Cette disposition rend la propriété des bénéfices acquis fort incertaine pour les fonctionnaires qui déjà supportent la retenue ordinaire sur leur traitement fixe et dont la situation présente se trouve ainsi grevée au profit d'un avenir incertain.

Le prolongement de cet état de choses serait d'ailleurs peu d'accord avec le système nouveau que nous vous présentons et qui a pour but d'assimiler autant que possible l'organisation du Collège Rollin à celle des Collèges Royaux.

Nous sommes donc d'avis de conserver aux fonctionnaires le cinquième des bénéfices dont ils jouissent déjà et nous ne voyons aucun motif de leur refuser la distribution immédiate des fonds actuellement en réserve et la remise effective et annuelle des bénéfices futurs.

En conséquence, le Conseil,

Vu, etc.

est d'avis d'adopter les modifications suivantes :

ARTICLE PREMIER

Les principaux fonctionnaires du Collège seront :

1º Le Directeur chef du Collège, chargé de l'administration générale et exerçant des fonctions analogues à celles des Proviseurs dans les Collèges Royaux;

2º Le Préfet général des études, chargé sous l'autorité du Directeur de surveiller la conduite, les mœurs, le travail et les progrès des élèves et en outre d'exercer les fonctions de préfet particulier du grand collège;

3º Le Procureur-gérant chargé de la gestion économique sous l'autorité du Directeur;

4º L'Aumônier;

5º Les professeurs, dont les chaires au nombre de onze sont celles de Philosophie, de Rhétorique, de Seconde, de Troisième, de Quatrième, de Cinquième, de Sixième, d'Histoire, de Physique, de Mathématiques élémentaires, sauf les augmentations que les besoins de l'enseignement tel qu'il existe dans les Collèges Royaux peuvent exiger;

6º Les préfets particuliers du moyen et du petit Collège;

ARTICLE 2

Lorsque la place de Directeur ou celle de Procureur-gérant deviendront vacantes, les nouveaux titulaires seront choisis par le Conseil d'Administration, et la nomination sera confirmée par le Conseil Municipal.

Le choix de l'aumônier, des professeurs et des trois préfets sera fait par le Directeur et soumis à l'approbation du Conseil d'Administration.

Toutes ces nominations seront soumises par M. le Préfet du Département à l'approbation du Chef de l'Instruction publique.

Pendant les cinq premières années d'exercice de chacun des fonctionnaires, la nomination ne sera que provisoire.

Le choix des autres employés et des gens de service sera fait par le Procureur-gérant et approuvé par le Directeur.

ARTICLE 3

Les fonctionnaires désignés dans l'article premier ne pourront, après leur nomination définitive, être réformés ou rayés du tableau des fonctionnaires du Collège que par un jugement du Conseil d'Administration qui dans ce cas s'adjoindra trois fonctionnaires délégués par leurs collègues.

En attendant le jugement, le fonctionnaire pourra, s'il y a urgence, être suspendu de ses fonctions par le Directeur.

La suspension n'entraînera aucune diminution dans le traitement.

ARTICLE 4

Cautionnement du Procureur-gérant fixé à 30,000 francs.

ARTICLE 5

Tous les fonctionnaires désignés en l'article premier (sauf le Directeur) auront droit à un traitement éventuel qui sera déterminé en raison du nombre des élèves et d'après la base suivante, savoir :

Quatre-vingts francs pour chacun des élèves payant pension entière, tant que le nombre des élèves payants ou non payants ne dépassera pas 300 ;

Et cent francs pour chacun des élèves qui excéderait le nombre de 300 ci-dessus fixé ; ces remises ne seront pas dues pour les élèves boursiers.

Le Directeur, recevant une indemnité particulière, n'aura aucun droit au traitement éventuel.

ARTICLE 6

Le cinquième des bénéfices, restant à l'Établissement, après l'acquittement des dépenses, sera comme par le passé partagé par portions égales entre tous les fonctionnaires mentionnés à l'article 1er et qui auront obtenu leur nomination définitive avant la fin de l'année scolaire sur laquelle ces fonds auront été prélevés. Mais, au lieu d'être mise en réserve pour n'être définitivement acquise qu'à de certaines conditions, la part ainsi dévolue à chaque fonctionnaire lui sera délivrée à la fin de chaque année.

ARTICLE 7

Il sera immédiatement procédé au partage des

rentes acquises avec les fonds mis en réserve jusqu'à ce jour et immatriculés sous le nom de *Collège Rollin* (Les Fonctionnaires du...).

Ce partage aura lieu entre tous les fonctionnaires et il sera remis à chacun d'eux une somme égale à celle portée en son compte en exécution de l'article 2 de la délibération du Conseil Municipal du 10 juillet 1829.

ARTICLE 8

La nomination aux trente bourses et demi-bourses, dont la fondation a été maintenue par l'article 17 de la délibération du 30 mars 1826, n'est point obligatoire.

Il ne sera nommé à ces bourses qu'autant que la situation financière du Collège le permettra et seulement dans la proportion ne pas devoir constituer une charge trop forte.

ARTICLE 9 ET DERNIÉR

Toutes les dispositions résultant des délibérations des 30 mars 1826, 12 juillet 1826, 25 avril 1828 et 19 juillet 1829, et auxquelles il n'est pas dérogé par ces présentes sont maintenues.

EXTRAIT

DU REGISTRE DES PROCÈS-VERBAUX DES SÉANCES DU CONSEIL GÉNÉRAL DU DÉPARTEMENT DE LA SEINE, FAISANT FONCTIONS DE CONSEIL MUNICIPAL DE LA VILLE DE PARIS.

—

Séance du 22 avril 1831

—

Le Conseil général, etc.

Vu la lettre du Préfet de la Seine par laquelle le Conseil est saisi des modifications et dispositions nouvelles que le Conseil d'administration du Collège Rollin propose d'apporter au Règlement de ce Collège ;

Ouï le rapport de sa commission spéciale ;

Adoptant les motifs développés dans le rapport du Conseil d'Administration du Collège Rollin ;

Délibère :

Il y a lieu d'adopter pour les règlements existants du Collège Rollin les modifications et dispositions nouvelles indiquées dans la délibération du Conseil d'Administration de ce Collège en date du 16 août courant.

M. le Préfet de la Seine est invité, attendu la nécessité de mettre en vigueur le dit règlement à partir d'octobre prochain, à vouloir bien solliciter sans retard l'ordonnance approbative du Roi.

Le Conseil ordonne que la présente délibération sera expédiée séance tenante.

Signé au Registre : *Le Président et le Secrétaire.*

POUR EXTRAIT CONFORME
Le Secrétaire général de la Préfecture
Signé : L. DE JUSSIEU.

ORDONNANCE DU ROI

—

LOUIS-PHILIPPE,
Roi des Français,
A tous présents et à venir, salut.

Sur le rapport de notre Ministre du Commerce et des Travaux publics ;

Vu l'ordonnance du 30 juin 1826, qui autorise la Ville de Paris à faire l'acquisition du Collège Rollin, et l'ordonnance du 18 novembre 1829, qui approuve divers changements faits aux règlements dudit Collège ;

Vu la délibération du Conseil général du département de la Seine, faisant fonctions de Conseil municipal de la Ville de Paris, en date du 22 août 1831 ;

Vu l'avis du Conseil Royal de l'Instruction publique, et celui du Ministre de l'Instruction publique et des Cultes ;

Le Comité de l'Intérieur de notre Conseil d'État entendu ;

Nous avons ordonné et ordonnons ce qui suit :

ARTICLE PREMIER

Conformément à la délibération du Conseil Municipal de Paris (Seine), en date du 22 août 1831, les modifications et dispositions nouvelles, contenues dans le règlement supplémentaire proposé par le Conseil d'Administration du Collège Rollin, sont approuvées, sauf l'article 6 qui sera modifié ainsi qu'il suit :

Le cinquième des bénéfices restant à l'Établissement, après l'acquittement des dépenses, sera, comme par le passé, partagé par portions égales, entre tous les fonctionnaires mentionnés en l'article 1er et qui ont obtenu leur nomination définitive avant la fin de l'année scolaire, sur laquelle ces fonds auront été prélevés. Mais, au lieu d'être mise en réserve pour n'être définitivement acquise qu'à de certaines conditions, la part ainsi dévolue à chaque fonctionnaire lui sera délivrée au bout de cinq ans d'exercice et ensuite d'année en année, à la fin de chaque année scolaire.

ARTICLE 2

En aucun cas, la portion variable du traitement

des fonctionnaires de l'Établissement, provenant de l'abandon du cinquième des bénéfices nets, ne sera assujettie à la retenue et ne fera partie des éléments qui serviront de base à la liquidation des pensions,

ARTICLE 3

Nos Ministres Secrétaires d'État au département du Commerce et des Travaux publics, et de l'Instruction publique et des Cultes sont chargés de l'exécution de la présente ordonnance.

Donné au Palais des Tuileries, le 28 novembre mil huit cent trente-un.

Signé : LOUIS-PHILIPPE.

PAR LE ROI :

Le Pair de France Ministre secrétaire d'État au département du Commerce et des Travaux publics,

Signé : Comte D'ARGOUT.

POUR AMPLIATION :

Le Secrétaire général du Ministère du Commerce et des Travaux publics,

Signé : EDMOND BLANC.

POUR EXPÉDITION CONFORME :

Le Chef du Secrétariat général,

Signé : L. DE JUSSIEU.

RAPPORT DU DIRECTEUR

QUI FUT APPROUVÉ DANS LA SÉANCE DU CONSEIL
D'ADMINISTRATION LE 19 AVRIL 1844 ET QUI FUT
TRANSMIS AU MINISTRE DE L'INSTRUCTION PUBLIQUE
PAR M. LE COMTE DE RAMBUTEAU, PRÉFET DE LA
SEINE.

—

Le projet de loi sur l'Instruction publique pose
en principe que dans les Collèges communaux, le
Principal, les Professeurs, le Bureau d'administration seront, comme par le passé, nommés par le
Ministre de l'Instruction publique ; un dernier
article prononce l'abrogation de toutes les ordonnances Royales qui peuvent contenir des dispositions contraires.

Lorsque le Collège Municipal de la Ville de Paris
(le Collège Rollin) a été fondé, la nomination de
tous les fonctionnaires des Collèges communaux
appartenait également au Ministre de l'Instruction
publique ; cependant un mode particulier de nomination a été établi par ordonnance Royale pour les
fonctionnaires de ce Collège. Le Directeur et le
Procureur-gérant sont nommés par le Conseil
d'Administration, et la nomination doit être confirmée par le Conseil Municipal et par le Ministre.
Le choix des professeurs est fait par le Directeur,
soumis à l'approbation du Conseil d'Administration ;

il ne devient définitif qu'après qu'il a été ratifié par le Ministre.

Pourquoi le principe général n'a-t-il pas été appliqué dans cette circonstance? Pourquoi ce mode de nomination tout spécial pour le Collège Municipal de Paris? C'est que ce Collège se trouve placé dans des conditions toutes particulières.

A Paris, et à Paris seulement, il y a en présence un Collège communal et des Collèges Royaux. Voilà vingt ans que ce fait existe, et que ces établissements prospèrent également. C'est qu'en effet il s'établit nécessairement entre eux une sorte de rivalité généreuse qui ne peut tourner qu'à l'avantage des études. Mais le Collège Municipal est obligé de s'imposer de grands sacrifices pour soutenir la lutte et pour s'assurer le concours de professeurs habiles et dévoués. N'ayant pas la même perspective d'avancement à leur offrir, il leur abandonne en compensation une part considérable dans les bénéfices, et s'efforce de former ainsi du corps des fonctionnaires une grande famille dont tous les membres sont intéressés à sa prospérité. Pour arriver à ce résultat, il faut que le Collège puisse se recruter librement dans le corps enseignant et que ses professeurs ne lui soient pas imposés. Qu'arriverait-il, en effet, si le Collège de la Ville de Paris ne conservait pas ce privilège de choisir ses fonctionnaires et qu'ils fussent nommés exclusivement par le Ministre? C'est qu'insensiblement et sans mauvais vouloir, le Collège Municipal, moins nombreux que les Collèges Royaux, moins important aux yeux de l'Université, deviendrait une sorte de noviciat pour les jeunes professeurs encore sans expérience, ou de retraite pour les professeurs fatigués; que forcément, et en peu de temps, les Collèges Royaux, placés dans la hiérarchie universitaire sur un échelon supérieur, absorberaient tout ce qui serait distingué dans le Collège Municipal.

Et quels inconvénients bien plus graves n'y aurait-il pas à redouter s'il s'agissait de la nomination du Principal ou Directeur? De quelle importance n'est-il pas, lorsque cette place devient vacante, à Paris où les Collèges Royaux sont pour lui des concurrents si redoutables, quoique si utiles pour l'émulation des maîtres et des élèves, d'y nommer un fonctionnaire qui soit imbu depuis longtemps des traditions du Collège et qui se dévoue à les perpétuer; qui tout en étant le gardien vigilant des doctrines universitaires, soit en même temps le zélé défenseur des intérêts de la Ville : s'il est choisi par le Ministre seul, il sera le représentant de l'Université, mais nullement celui de la Ville de Paris, qui n'aura concouru en rien à sa nomination. Dans le cas contraire, le Ministre conserve toujours sa haute sanction, puisque toute nomination doit être ratifiée par lui.

D'après ces considérations, le Collège Municipal Rollin demande le maintien des ordonnances Royales qui l'ont constitué. C'est parce que, seul de tous les Collèges communaux de France, il se trouve en présence de Collèges Royaux établis dans la même ville, que des dispositions particulières ont réglé le mode de nomination de ses fonctionnaires. C'est sous le bénéfice de ces dispositions qu'il s'est établi et qu'il s'est élevé graduellement au niveau des établissements d'instruction publique les plus florissants. L'en priver aujourd'hui ce serait blesser des droits acquis, ce serait prononcer par le fait la suppression du Collège Municipal de Paris.

Sous l'habile direction de M. Defauconpret, le Collège Rollin suivit le mouvement du siècle et des idées, il prit part à toutes les grandes réformes qui modifièrent l'enseignement en France ; mais en même temps, il conservait intactes ses vieilles traditions d'urbanité et d'éducation vraiment classique et fraternelle. Et comment en eût-il été autrement avec ce chef vénéré que M. l'Inspecteur général Alexandre, dans une allocution de présidence de distribution des prix, ne craignait point de comparer en ces termes à l'excellent principal Rollin :

« Quel homme, en effet, a mieux connu l'art de régner sur la jeunesse? Il régnait par la force irrésistible de la bonté ; et les pères, que dis-je? les mères elles-mêmes avaient abdiqué en sa faveur. Un mot de lui, sa vue seule excitait au bien ; et, si l'âge avait encore quelques écarts, l'affection ramenait bien vite à l'obéissance, le repentir devançait la punition au pied lent, ou plutôt il n'y avait qu'une seule punition, c'était de l'avoir affligé. Comme il savait la mesure d'encouragement qui convenait à chaque nature, il faisait marcher de front les volontés et les aptitudes les plus inégales; tout se mouvait d'ensemble parce qu'une seule âme donnait à tout l'impulsion. Mais pour arriver là, quelle constance de vues et quelle variété de moyens! Quand la raison fut-elle plus persuasive, l'autorité plus douce, la remontrance plus affectueuse, l'exhortation plus vive et plus pénétrante? On se sentait meilleur en l'approchant; on l'aimait davantage en se séparant de lui. Aussi la reconnaissance lui restait fidèle bien au delà du Collège. Ses élèves, en cessant d'être sous ses lois, ne se croyaient point sortis de sa famille; et, livrés à eux-mêmes, dans un de ces moments où l'âme vacille incertaine entre le bien et le mal, c'est encore à lui qu'ils seraient venus demander conseil. Vous m'écoutez, Messieurs, et ce portrait ne vous paraît pas chargé : vous croyez même le reconnaître; il vous semble en voir le modèle auprès de moi. »

Non seulement M. Defauconpret exerça son autorité de Directeur avec prudence et dévouement, mais, se considérant comme le fondateur d'une maison nouvelle, il lui donna toute son âme et prépara pour ses collaborateurs et ses élèves un plan d'études et d'éducation dont la pratique devait rendre glorieuses les destinées du Collège actuel. La plupart des recommandations qui s'y trouvent condensées sont encore observées dans l'Établissement, et, à ce titre, nous nous faisons un devoir de publier un corps de doctrine auquel tant de générations d'élèves sont restées reconnaissantes.

REGLEMENT DU COLLÈGE ROLLIN

I

ÉLÈVES

Rien n'est plus important pour les élèves que de commencer, dès les premiers jours de leur entrée au Collège, à remplir avec une exactitude scrupuleuse les devoirs de tout genre qui leur sont imposés. Ainsi s'établissent de bonne heure des habitudes d'ordre et de régularité qu'ils conservent ensuite toute leur vie. Mais, pour bien s'acquitter de ces devoirs, il faut qu'ils les connaissent parfaitement ; il faut qu'ils soient avertis et de ce qu'ils doivent faire, et de ce qu'ils doivent éviter ; il faut, en un mot, que leur conduite soit en quelque sorte tracée d'avance dans tous les exercices de la journée. C'est dans cette intention qu'a été rédigé le règlement suivant :

ORDRE DES EXERCICES

1° *Les jours ordinaires* :

Lever . . . . à	5 h. 1/2 (1)
Prière et étude.	5 h. 3/4
Répétition des leçons	6 h. 3/4
Déjeuner et récréation. . . .	7 h. 1/2
Classe.	8 h.
Récréation.	10 h.
Études et exercices divers . .	10 h. 1/4
Dîner et récréation	midi 1/4 (2)
Étude et leçons.	1 h. 3/4
Classe.	2 h. 1/2
Goûter et récréation.	4 h. 1/2
Étude.	5 h. 1/4
Souper	8 h. (3)
Prière et coucher.	8 h. 1/2
Couvre-feu.	8 h. 3/4

Il y a, après la prière, pour les élèves des classes supérieures, une étude volontaire qui finit à 9 h.1/2.

---

(1) A 6 heures pour le petit Collège.
(2) A midi pour le petit Collège.
(3) A 7 h. 3/4 pour le petit Collège.

Pour y être admis, il faut avoir eu de bonnes notes pour le travail et pour la conduite à l'étude.

N.-B. — Depuis le troisième dimanche de mai jusqu'aux vacances, le lever a lieu à 5 h. 1/4.

L'étude du soir commence à 5 heures et finit à 7 h. 1/2.

Le souper est précédé d'une récréation d'une demi-heure ou de trois-quarts d'heure, suivant la longueur des jours.

2° Le jeudi :

Lever	à	5 h. 1/2
Prière et étude.		6 h.
Messe		6 h. 1/4 (1)
—		7 h. (2)
Déjeuner et récréation. . . .		7 h. 1/2
Récréation		10 h.
Étude et exercices.		10 h. 1/4
Dîner		midi 1/4

On monte au dortoir après le dîner pour aller en promenade ou au manège.

Quand le temps ne permet pas d'aller en promenade, étude de 2 à 4 heures.

Goûter et récréation à 4 heures, ou au retour de la promenade.

______

(1) Pour le moyen et le petit Collège.
(2) Pour le grand Collège.

Étude à 5 h. 1/2, le reste comme les jours ordinaires.

A partir du troisième dimanche du mois de mai, étude de 2 heures à 4 heures, goûter, puis promenade.

Les élèves qui ne vont pas en promenade, pour quelque cause que ce soit, ont une étude de 2 heures.

3° *Le dimanche :*

Lever . . . . à	5 h. 1/2	
Prière et étude	6 h.	(1)
Grand'messe pour le grand		
Collège	7 h. 3/4	

Les jours de grande sortie :

Étude après la messe jusqu'à	9 h. 1/4
Récréation jusqu'à	10 h.
Étude jusqu'à	11 h. 1/2
Récréation.	11 h. 1/2
Dîner	midi 1/2

Les jours de petite sortie :

Récréation . . . . à	9 h.
Étude.	9 h. 1/2
Récréation.	11 h. 3/4
Dîner	midi 1/2

---

(1) Grand'messe et instruction à 6 h. 1/2 pour le moyen et le petit Collège.

Vêpres à 1 heure. Après les vêpres, promenade.
Étude de 2 à 4 heures, si le temps ne permet pas d'aller en promenade.

Goûter et récréation. . . . . à   4 h.
Étude. . . . .   5 h. 1/2
Souper . . . .   8 h.

Après le souper, récréation dans les études. — Prière à 9 heures.

A partir du troisième dimanche du mois de mai, étude après vêpres, jusqu'à 4 heures, puis promenade.

EXERCICES RELIGIEUX. — La religion, étant la base de toute bonne éducation, doit présider en quelque sorte à tous les exercices de la journée. C'est pour cette raison que toutes les classes, toutes les études, tous les repas, commencent et finissent par une courte prière.

L'étude de la religion commence dès les plus basses classes et se continue sans interruption jusqu'à la fin des études.

Les élèves qui n'ont pas encore fait leur première communion reçoivent deux fois par semaine des leçons de catéchisme accompagnées de développements proportionnés à leur âge.

C'est spécialement à partir de la cinquième que commence un cours complet d'enseignement religieux dans des conférences régulières qui ont lieu au moins une fois par semaine, et qui doivent être rédigées par les élèves sur des notes prises par eux. Ces rédactions sont obligatoires pour tous les élèves.

Il y a pour l'enseignement religieux, comme pour les sciences et pour les lettres, des compositions périodiques, des prix à la fin de l'année, et, à la fin de chaque mois, des notes et des récompenses particulières.

Les élèves entendent tous les dimanches et les jours de fête la messe et les vêpres, et les jeudis la messe seulement.

Tous les élèves doivent s'approcher du tribunal de la pénitence à des époques déterminées par MM. les aumôniers. C'est une obligation stricte dont il n'est permis à personne de s'affranchir. Quant à la réception du sacrement de l'Eucharistie, il n'appartient qu'aux directeurs spirituels d'en décider.

On doit assister à la messe et à tout autre exercice de la religion avec le recueillement que demande une action aussi sainte ; et le meilleur moyen de fixer son attention est de suivre avec soin l'office divin dans son livre.

A l'entrée comme à la sortie de la chapelle, le plus profond silence doit être observé, et l'on ne doit jamais passer devant l'autel sans incliner la tête.

Du LEVER. — Les élèves doivent se lever et s'habiller dès qu'ils ont été réveillés. Ils ne doivent négliger aucun des soins de propreté qui leur sont prescrits, et il est particulièrement recommandé à MM. les maîtres de signaler ceux qui montreraient de la négligence à cet égard.

Le silence doit régner dans les chambres et les dortoirs pendant tout le temps du lever.

Dès que le tambour ou la cloche en a donné le signal, les élèves sortent de leurs chambres, se mettent en rang à l'entrée du dortoir, et se rendent dans les salles d'études, accompagnés de leurs maîtres.

DE LA PRIÈRE. — Les élèves entendent la prière à genoux, avec recueillement et suivent attentivement celui qui la fait. Chaque élève la fait à son tour, à moins qu'il n'en soit dispensé par son maître.

La prière doit être faite lentement et d'une voix distincte.

Le maître de chaque classe remet tous les matins, immédiatement après la prière, la liste des élèves absents, ou qui sont arrivés après lui à l'étude.

DE L'ÉTUDE. — Cinq minutes avant la fin de la récréation, dès que le tambour bat pour la première fois, les leçons d'agrément de tout genre doivent cesser à moins d'une permission particulière. Les élèves qui se trouvent dans les salles de musique ou au parloir doivent retourner immédiatement dans la cour de leur collège. Chaque élève se rend à la porte de la salle d'étude sans bruit et sans confusion, prend son rang, attend l'ordre du maître pour entrer, et se met à sa place pour entendre la prière qui commence chaque étude.

La liste des élèves arrivés trop tard est envoyée au Préfet.

Les élèves ne doivent sortir pendant le temps des études qu'aux heures fixées pour chaque classe. Un seul élève peut sortir à la fois.

Il est défendu à tout élève d'entrer pendant l'étude dans les autres classes.

Aussitôt que le tambour ou la cloche annonce la fin de l'étude, chaque élève doit fermer ses livres et ses cahiers, les serrer soigneusement et ne laisser rien traîner.

Après la prière qui termine l'étude, les élèves sortent de la salle deux par deux suivant l'ordre prescrit, gardent leurs rangs et attendent le signal du maître pour partir.

Il est expressément enjoint de faire son devoir de classe et d'apprendre ses leçons, avant de s'occuper d'autre chose pendant l'étude.

MM. les maîtres examinent souvent pendant l'étude les cahiers des élèves pour s'assurer que les devoirs sont faits avec soin. Ils exigent surtout que les copies soient écrites très lisiblement.

Les jours de classe, à la fin des études qui précèdent le dîner et le souper, et les dimanches un peu avant la sortie, MM. les maîtres recueillent ou font recueillir les copies.

Indépendamment des visites journalières, MM. les maîtres font tous les quinze jours une revue détaillée des livres et des cahiers. Ils signalent aux préfets ceux des élèves qui ne seraient pas en règle.

DES LEÇONS. — Le maître d'études fait réciter les leçons pendant l'étude qui précède la classe.

Il exige que les leçons soient répétées lentement et d'un ton convenable.

Il marque en chiffres sur le *Recitaverunt* la manière dont l'élève a récité : ces chiffres correspondent au nombre de fautes qu'a faites l'élève.

Une leçon mal sue doit être copiée une ou plusieurs fois. Elle doit être apprise de nouveau par l'élève au moment qui lui est désigné par son maître. Plusieurs leçons non sues sans avoir été *réparées,* c'est-à-dire apprises et récitées de nouveau, entraînent une privation de sortie, ou partielle, ou entière, suivant les circonstances.

A un jour désigné par le professeur, il y a répétition des leçons apprises dans la semaine, dans la quinzaine ou dans le mois précédent.

Tous les trois mois dans les classes supérieures, tous les deux mois dans les autres classes, en présence du Directeur ou du Préfet Général des études, il y a un examen extraordinaire qui comprend la récitation des leçons déjà apprises et désignées à l'avance par le professeur. Des places sont assignées aux élèves à la suite de cet examen. Il est tenu grand compte de la manière dont l'élève a récité, et une récitation correcte et intelligente peut racheter un certain nombre de fautes, ou, tout au moins, faire pencher la balance en cas d'indécision.

Ces places ont la même valeur que celles des autres compositions. Les places données avant Pâques comptent pour les prix de semestre; les autres pour les prix de récitation à la fin de l'année.

De la classe. — Il y a dans chaque classe un journal destiné à recevoir les notes que chaque élève a méritées soit pour le travail, soit pour la conduite.

C'est sur ce journal ou *Recitaverunt* que le maître d'études a inscrit les notes méritées par les élèves pour la récitation des leçons.

Le professeur y inscrit de son côté les remarques qu'il peut avoir à faire sur les devoirs et les punitions qu'il a pu être dans le cas de donner.

La conduite et le travail de chaque élève sont ainsi appréciés classe par classe.

C'est d'après le relevé de ces notes que le professeur donne à la fin de la semaine à chaque élève un certain nombre de points bons ou mauvais, dont les conséquences sont indiquées au chapitre *des Puni-tions et des Récompenses.*

Les élèves ne doivent être autorisés que très rarement à sortir pendant le temps de la classe.

Tout élève qui est renvoyé de classe est privé d'une partie ou de la totalité de la sortie suivante, selon la gravité de sa faute.

DES LIVRES DE LECTURE. — Les lectures particulières sont permises et même recommandées, mais elles ne doivent avoir lieu qu'après le devoir fait et les leçons apprises.

Le Collège possède une bibliothèque composée des ouvrages dont la lecture peut aider les élèves dans les travaux de la classe. Ils sont prêtés à ceux d'entre eux qui se distinguent par leur application.

Aucun ouvrage, quel qu'il soit, quand même il aurait été donné par les parents, ne peut être introduit dans le Collège sans être immédiatement soumis à l'approbation de M. le Préfet.

Tout livre, trouvé entre les mains d'un élève dans sa chambre ou dans son pupitre, sans que cette formalité ait été remplie, est confisqué, et l'élève est privé d'une ou plusieurs sorties suivant la nature de l'ouvrage. Si le livre est notoirement mauvais, l'élève est rendu à sa famille.

La lecture de toute brochure, de tout journal, est formellement interdite sous la même peine.

La surveillance des livres appartient à tous les maîtres du Collège, et un élève qui refuserait de présenter un livre au maître qui lui en aurait donné l'ordre, encourrait la peine de l'exclusion.

DU RÉFECTOIRE. — En passant d'un exercice quelconque au réfectoire, on y observe dès l'entrée le silence que l'on gardera jusqu'à la fin du repas, et l'on s'abstiendra de toucher à rien avant ou pendant le *Benedicite.*

Il est recommandé à chaque élève de se tenir à table convenablement, de ne point perdre de pain et de ne rien jeter à terre.

Cette recommandation de ne point perdre de pain s'étend à tous les repas de la journée. Elle sera facilement observée si les élèves se disent qu'autour d'eux une foule de pauvres manquent du plus strict nécessaire, et que ces restes qu'ils gaspillent suffiraient à la nourriture de plusieurs familles.

Lorsque le signal en aura été donné, chaque élève pliera son couvert et se disposera à entendre les *Grâces.* Après les *Grâces,* on sortira du réfectoire sans bruit, on prendra ses rangs pour se rendre au lieu de la récréation ou à toute autre destination, et on ne les quittera qu'au signal donné par le Préfet.

DE LA RÉCRÉATION. — Les jeux que l'on choisira devront être toujours les plus simples et l'on préférera les jeux d'exercice aux jeux sédentaires.

On jouera sans passion, sans trouble, évitant soigneusement tout ce qui pourrait offenser les autres soit dans ses discours, soit dans ses actions.

Tout jeu dangereux ou regardé comme tel doit être immédiatement interdit par le maître qui préside à la récréation. Il en est de même des jeux de nature à entraîner des désordres.

La récréation se prend dans les cours quand le temps le permet.

Il est défendu de monter sur les arbres ou sur les murs.

Il est défendu de profiter de ce qu'une porte est ouverte pour quitter la cour sans permission.

Il faut également une permission pour monter au cabinet du Directeur ou du Préfet Général des Études.

Les élèves qui prennent des leçons d'agrément doivent être demandés par leurs maîtres et accompagnés par eux en allant et en revenant.

Lorsque la récréation se prend dans la salle d'étude, les jeux sédentaires, tels que les Dames, les Échecs, etc., sont les seuls permis, et alors il est enjoint à chacun de demeurer assis et de ne point courir dans la salle. Tout jeu de cartes est formellement interdit.

En quelque endroit que se prenne la récréation, on doit s'abstenir de clameurs, de cris bruyants, aussi bien que de toute espèce de jeux de mains.

Dès que le tambour ou la cloche a annoncé la fin

de la récréation, tout jeu, tout bruit et toute dissipation doivent cesser à l'instant.

DE LA PROMENADE. — Les jours de congé, en hiver au sortir du dîner, et en été à l'heure déterminée par le Directeur, tous les élèves montent à leurs chambres pour se préparer à la promenade, ayant soin d'observer le silence.

La route à suivre est remise par écrit au maître de chaque classe, et il n'est pas permis de s'en écarter. On ne doit pas dépasser le domestique qui marche en tête de la division.

On ne doit point s'arrêter, à moins que l'autorisation n'en ait été donnée, ce qui n'a lieu que dans les grandes chaleurs.

Il est particulièrement recommandé à tous les élèves de se comporter à la promenade avec la décence qui convient à des jeunes gens bien élevés, de ne parler entre eux qu'à voix basse, et de ne s'arrêter sous aucun prétexte, sans une autorisation spéciale.

Il est défendu de quitter son rang, même pour parler à une personne de sa famille qu'on pourrait rencontrer.

On ne doit jamais perdre de vue que toute faute commise en public compromet, non seulement l'élève qui en est coupable, mais le Collège tout entier.

Avant de partir pour la promenade, il sera fait un

appel de tous les élèves. Cet appel pourra être renouvelé dans le cours de la promenade si le maître le juge à propos.

Des chambres et des dortoirs. — Il est expressément défendu à tout élève de sortir de sa chambre, même quand la porte en serait ouverte, avant que le signal en ait été donné.

Il est défendu, sous les peines les plus sévères, de mettre le pied dans la chambre d'un de ses camarades pour quelque motif que ce soit.

Aucun élève ne doit monter au dortoir, hors le temps prescrit par le règlement, sans une permission expresse du Préfet de chaque collège.

Tous les meubles et les effets qui sont dans les chambres doivent être tenus par ceux qui les occupent dans l'état de propreté et dans l'ordre le plus convenables.

Les élèves ne doivent laisser dans leurs chambres ni argent, ni objets précieux. Ils déposent l'argent qu'ils peuvent avoir entre les mains de M. le Procureur-gérant qui le leur remet au fur et à mesure de leurs besoins.

MM. les Préfets s'assurent par des visites fréquentes si ces prescriptions sont ponctuellement suivies.

Des notes quotidiennes et hebdomadaires. — MM. les maîtres portent sur un journal tous les manquements à la règle dont ils peuvent être témoins dans l'étude qu'ils président, à toute espèce d'exercice de la journée, et en quelque lieu que ce soit.

C'est d'après ce journal, combiné avec les rapports qui ont pu être adressés par d'autres maîtres à MM. les préfets, qu'est faite la note journalière remise tous les matins sur chaque élève au Directeur.

Cette note est donnée en chiffres.

1 correspond à	. . . . .	*très bien.*
2 —	. . . . .	*bien.*
3 —	. . . . .	*assez bien.*
4 —	. . . . .	*médiocre.*
5 —	. . . . .	*mal.*
6 —	. . . . .	*très mal.*

La note 6, très mal, sur les notes quotidiennes, est accompagnée d'un rapport qui explique la nature de la faute et qui est conservé dans le dossier de l'élève.

Tout livre confisqué, quel qu'il soit, du moment qu'il n'est pas autorisé, entraîne la note 6.

Tous les matins, le Préfet de chaque collège va lire ces notes dans les études.

L'élève qui, à la fin de la semaine, a moins de 11, a *très bien* en résumé, il peut encore avoir *très bien* avec 11 et 12, s'il n'a pas eu de 3 dans la semaine;

S'il a moins de 18, il a *bien;*

Il peut avoir *bien* avec 18 et 19, s'il n'a point eu de 4 dans la semaine ;

S'il a moins de 24, il a *assez bien ;*

Moins de 30, il a *médiocre ;*

30 et au-dessus, *mal.*

Ces notes donnent lieu à un certain nombre de points, bons ou mauvais.

L'élève qui, à la fin de la semaine, a :

Très bien pour résumé, obtient 8 bons points ;
Bien	—	—	4 bons points ;
Médiocre	—	—	4 mauvais points ;
Mal	—	—	8 mauvais points.

Le samedi matin, le résumé des notes de la semaine, tant pour la classe que pour l'étude, est lu dans chaque classe en présence du Directeur et du Préfet Général des Études.

Toutes les six semaines, un relevé exact des notes est envoyé aux parents.

Chaque élève est porteur d'un petit carnet sur lequel il doit inscrire toutes les semaines les notes, les places, les points bons ou mauvais qu'il a mérités. MM. les maîtres vérifient si ce carnet est tenu exactement. Aucune sortie de faveur ne peut être réclamée par un élève dont le cahier ne serait pas en règle.

Si quelque désordre a lieu, si quelque faute grave est commise, et que les auteurs n'en soient pas connus, les élèves les plus mal notés soit sur les notes quotidiennes, soit d'après le relevé général, en sont responsables. Ils sont alors, suivant la gravité des circonstances, ou sévèrement punis, ou rendus à leurs parents.

DES PUNITIONS. — Les punitions sont :

1º Les mauvais points ;
2º L'étude extraordinaire du jeudi et du dimanche pendant trois heures, avec un devoir particulier ;
3º La privation de sortie ;
4º Les arrêts ;
5º La salle de réflexion ;
6º L'expulsion du Collège.

1º *Les mauvais points.* — Les mauvais points résultent des mauvaises notes méritées soit pour la classe, soit pour l'étude, comme les bons points sont la conséquence des bonnes notes.

Tous les points de classe et d'étude se compensent entre eux.

2º *Étude extraordinaire.* — Sont à une étude extraordinaire, le jeudi ou le dimanche pendant trois heures, les élèves qui ont eu un 6 ou plusieurs mauvaises notes pour la conduite, et ceux qui ont été désignés par les professeurs.

Si le même élève a mérité deux fois cette punition, il est privé en outre de trois heures de sortie.

L'étude extraordinaire du jeudi a lieu pendant la

promenade. Il en est de même de celle du dimanche, les jours de petite sortie. Les jours de grande sortie, l'étude a lieu de 9 heures à midi.

Au grand collège, l'étude extraordinaire peut être convertie par le Directeur en heures de privation de sortie.

3° *Privation de sortie.* — L'élève à qui, toute compensation faite, il reste vingt mauvais points, est privé entièrement de sortie; s'il lui reste dix mauvais points, il est privé jusqu'à midi.

Est également privé de sortie l'élève qui, pour la classe ou pour l'étude, a eu le maximum de mauvais points.

Les privations de sortie pour les fautes graves ou pour rentrées tardives sont prononcées par le Directeur.

4° *Des arrêts.* — Tout élève qui trouble l'ordre dans quelque exercice que ce soit, ou qui commet une faute dont la répression doit être immédiate, est envoyé à M. le Préfet des Études qui le fait mettre aux arrêts et en informe aussitôt le Directeur.

Tout élève mis aux arrêts a une tâche déterminée à faire, heure par heure. Elle doit être écrite avec le plus grand soin. Cette tâche est recueillie d'heure en heure par le surveillant. Si elle n'est pas bien faite, elle doit être recommencée immédiatement.

Tout élève qui, aux arrêts, parle, quitte sa place ou ne fait pas la tâche désignée, est envoyé à la *salle de réflexion* avec une autre tâche, puis il retourne aux arrêts faire celle qui lui avait été donnée en premier lieu.

L'envoi à la salle de réflexion entraîne trois heures de privation de sortie. Il est consigné sur un registre particulier qui reste déposé au Cabinet central.

6° *Expulsion du Collège.* — Elle est réservée :

1° A toute atteinte portée aux mœurs, à la religion ou à l'autorité des maîtres ;

2° A tout acte formel de désobéissance et à l'infraction habituelle du règlement sous le rapport du travail et de la conduite.

DES SORTIES. — Aucun élève de la maison ne peut sortir sans être en uniforme et sans présenter au portier un *exeat* signé par le Directeur ou le Préfet Général des Études.

Tout élève, avant de sortir, doit avoir remis la copie de son devoir.

Les sorties ordinaires ont lieu le dimanche, tous les quinze jours, à neuf heures. Elles ont lieu dès huit heures du matin dans la belle saison.

Les sorties de faveur ont lieu les autres dimanches. L'heure en est déterminée par le nombre de bons points.

Les élèves doivent être rentrés le soir avant neuf heures. Ils doivent, en rentrant, se présenter au parloir ou au Cabinet central avec la personne qui les accompagne, et rentrer aussitôt dans l'ordre commun.

Aucun élève de la maison ne peut sortir sans être accompagné de ses parents ou d'une personne désignée par eux et munie d'une autorisation écrite. Il n'est fait d'exception que pour les élèves de Mathématiques Spéciales et pour ceux de Philosophie qui ont dix-huit ans accomplis, et pour lesquels les parents en feront la demande formelle. Encore ces élèves devront-ils présenter chaque fois une lettre de leurs parents qui demande leur sortie, et il seront tenus de prendre, en partant, un billet qu'ils auront soin de remettre, à leur retour, au Directeur.

Le billet, signé du Directeur ou du Préfet Général des Études et des parents ou correspondants, constatera :

1° L'heure à laquelle l'élève sera parti du Collège ;

2° Celle à laquelle il sera arrivé chez ses parents ou correspondants.

Tous les élèves, sans exception, doivent être accompagnés à leur retour.

Ceux qui ne sont pas rentrés à l'heure fixée perdent un certain nombre de bons points et sont privés de la totalité ou d'une partie de la sortie suivante selon la durée du retard.

Le Collège ne croit pas sa responsabilité dégagée lorsque les élèves ont franchi le seuil de la porte pour aller chez leurs parents. Leur conduite, lorsqu'ils sont dehors, n'éveille pas moins toute la sollicitude du Directeur, et ils doivent s'attacher à donner partout le bon exemple.

DES MOYENS D'ÉMULATION. — *1° Compositions hebdomadaires.* — Les élèves composent toutes les semaines. Les compositions sont d'obligation pour tous.

La liste des places est lue le samedi dans chaque classe en présence du Directeur et du Préfet Général des Études.

Lorsque les places sont données, l'élève qui a obtenu la première place en dresse la liste, la fait signer par un professeur, et la porte, à la fin de la classe, au Directeur.

Les noms des quatre premiers de chaque classe sont inscrits le dimanche matin sur un tableau qui demeure exposé dans le parloir jusqu'au dimanche suivant.

Le premier de chaque classe est admis au réfectoire à une table d'honneur.

Les élèves couronnés au Concours Général sont admis à cette table jusqu'aux vacances suivantes.

Le jour de la Saint-Charlemagne, les élèves qui ont obtenu la première place depuis le commencement de l'année sur les divisions réunies, s'il y en a plusieurs dans la même classe, sont admis à l'honneur de déjeuner avec leurs professeurs.

Un prix est accordé à l'élève qui est trois fois de suite le premier dans la classe. Ce prix ne peut s'obtenir qu'une fois dans la même année.

Il y a, dans les classes supérieures, un Cahier d'Honneur sur lequel sont transcrits les devoirs qui ont paru au professeur porter les traces d'un travail remarquable et être de nature à disputer une nomination au Concours Général.

Les devoirs qui, dans les autres classes, paraissent plus particulièrement dignes d'encouragement, sont envoyés au Directeur et conservés soigneusement.

Le Directeur se réserve de récompenser les élèves qui auront mérité le plus souvent cette distinction.

2° *Bons points et sorties de faveur.* — A la fin de chaque trimestre, les noms des vingt élèves qui ont obtenu le plus de bons points dans chaque collège sont inscrits au parloir sur un Tableau d'Honneur. De plus, un classement basé sur le nombre de points mérité par chaque élève, a lieu dans chaque étude, et le résultat en est envoyé aux parents. L'élève qui a été classé le premier dans son étude est admis pendant une semaine à la Table d'Honneur; celui qui a obtenu le plus de points dans son collège y reste pendant un mois.

Des sorties de faveur sont accordées en échange de bons points.

Elles peuvent s'obtenir pour 20 bons points à 11 heures et pour 30 bons points à 8 heures, les dimanches où il n'y a point de sortie ordinaire.

7.

Si, pour un motif exceptionnel, un élève obtient de sortir un samedi soir après la classe, il donne, en outre, 40 bons points.

Les bons points, ainsi dépensés, ne comptent plus que pour l'inscription au Tableau d'Honneur et pour le classement trimestriel.

L'élève qui, n'employant pas ses bons points en sortie, se trouve en avoir conservé plus de 140 dans le cours d'un trimestre, a droit à un prix particulier.

3° *Distribution des prix*. — Il se fait deux distributions de prix par an.

Dans la première, dite des *prix de semestre*, il n'y a, dans chaque classe, que deux prix appelés *Prix d'Excellence*.

Ces prix sont donnés d'après le relevé des places du premier semestre.

La dernière composition dans chaque faculté compte pour deux.

Les dix premières places dans chaque composition comptent seules : la première vaut 10 points, la seconde 9, et ainsi de suite jusqu'à la dixième qui en vaut un.

L'élève qui, à la fin du semestre, se trouve avoir le plus grand nombre de points a le premier prix, celui qui vient ensuite, le second.

Dans la seconde distribution qui a lieu immédiatement avant les vacances, il y a, dans chaque classe, un ou deux prix par faculté. Ces prix sont réglés d'après les places obtenues depuis le 1er avril, et d'après des compositions particulières qui comptent pour deux s'il n'y a eu qu'une composition dans la faculté correspondante, et pour trois s'il y en a plusieurs.

Lorsqu'il y a deux divisions dans une classe, ces deux divisions composent ensemble.

Si ces divisions sont d'égale force, il y a, à la distribution des prix de semestre, un prix d'Excellence pour l'élève qui a le plus grand nombre de points, et deux seconds prix pour les élèves qui, après lui, se trouvent en avoir le plus, sans que pourtant il puisse jamais y avoir plus de deux prix dans la même division. A la fin de l'année, le même nombre de prix est donné pour chaque faculté.

Si les deux divisions sont de force inégale, il y a, à Pâques, deux prix pour la première division et un seul prix pour la seconde ; et, à la fin de l'année, un ou deux prix par faculté dans la première division, et dans la seconde deux prix d'Excellence pour toutes les facultés réunies.

Aucune nomination ne peut être donnée *ex æquo*. Si deux élèves se trouvent avoir un nombre égal de points, celui qui a eu l'avantage dans la composition dite des Prix, s'il s'agit des prix de la fin de l'année ou dans les compositions qui comptent double, s'il s'agit des prix de semestre, est nommé le premier.

DES VISITES ET DE LA CORRESPONDANCE. — Aucun élève ne doit recevoir de visites que des personnes inscrites sur la liste remise par ses parents au Directeur.

Il est du bon ordre de la maison de ne point recevoir de visites de ceux qui en sont sortis, à moins qu'ils ne se trouvent sur cette liste.

Toute visite doit cesser en même temps que la récréation, lorsque le tambour bat pour la première fois. Ceux qui en reçoivent sont tenus de rentrer aussitôt dans l'ordre commun.

Les élèves ne doivent avoir de correspondance par lettres qu'avec leurs parents ou les personnes désignées plus haut. Toute correspondance avec les élèves des autres collèges est formellement interdite.

RECOMMANDATIONS GÉNÉRALES

De l'obéissance envers les maîtres. — Il est expressément recommandé à tous les élèves d'obéir immédiatement et avec la plus grande docilité aux ordres de MM. les maîtres. S'ils croient avoir quelque observation à faire, quelque excuse à présenter, ils n'en doivent pas moins commencer par obéir ; et c'est seulement après cet acte de soumission qu'une réclamation, même fondée, peut être examinée.

Toute faute contre la subordination est punie exemplairement. Lorsqu'un élève trouble la classe ou l'étude par son indocilité ou son inconduite, l'élève est mis sur le champ aux arrêts.

MM. les maîtres sont chargés, dans l'intérêt général du Collège, de veiller en tout temps, en toute circonstance et en tout lieu à l'exécution du réglement et au maintien de l'ordre. Leur surveillance et leur autorité ne sont point restreintes à telle ou telle étude, mais s'étendent également sur tous les élèves, à quelque classe qu'ils appartiennent.

De la politesse. — La politesse est une des qualités que les élèves ne sauraient s'appliquer de trop bonne heure à acquérir; car c'est la marque distinctive du jeune homme bien élevé.

Il est recommandé aux élèves d'être toujours modestes et respectueux avec leurs maîtres et de se découvrir en leur parlant. Lorsqu'un étranger paraît au milieu d'eux en quelque endroit que ce soit, ils doivent avoir une contenance décente et la tête découverte. Ils ne doivent jamais passer devant une personne sans la saluer.

Ils ne doivent parler aux domestiques que de la manière la plus convenable et ne jamais se permettre de familiarités avec eux.

Enfin, il leur est recommandé d'une manière toute spéciale d'avoir de la complaisance pour leurs camarades et d'éviter avec soin toute division et toute querelle.

De l'ordre et de la propreté. — On ne saurait trop

recommander aux élèves l'ordre dans leur chambre comme dans la salle d'étude, dans leurs affaires comme dans leurs cahiers et dans leurs livres.

Ils ne doivent avoir rien dans leur extérieur de malpropre, ni de grossier, ne laisser paraître aucune négligence, aucun désordre dans leurs vêtements, n'avoir jamais le visage ni les mains sales, ni les habits déchirés.

Ces prescriptions ont une telle importance qu'un certain nombre de bons points sont donnés chaque mois par MM. les maîtres aux élèves qui les observent le mieux.

De la charité. — Dans toutes les positions de la vie, c'est un devoir rigoureux de penser aux pauvres et de subvenir, autant qu'il dépend de soi, à leurs besoins. Ce devoir est plus impérieux encore pour celui qui n'a qu'à retrancher son superflu pour leur procurer une partie du nécessaire.

Il suffit de rappeler aux élèves qu'ils sont entourés de familles indigentes pour que, chaque semaine, en recevant leurs menus plaisirs, ils fassent la part du pauvre en songeant que les quelques privations qu'ils peuvent s'imposer assureront du pain et un abri à d'autres enfants moins favorisés qu'eux.

Une œuvre s'est formée au Collège sous le titre d'*Œuvre des familles*. Elle consiste à consacrer au moins 10 centimes par semaine au soulagement des pauvres.

Le Directeur est le Président de l'Œuvre. Un

élève dans chaque classe en est le trésorier. Il
recueille chaque semaine la petite collecte et la
remet au préfet de son collège qui la transmet au
Directeur. L'emploi des fonds est fait par le Directeur de concert avec MM. les aumôniers. Il en est
rendu compte au commencement de chaque année
scolaire.

II

FONCTIONNAIRES

ADMINISTRATION DU COLLÈGE ROLLIN. — Le
Collège est sous la surveillance immédiate d'un
Conseil d'Administration composé de six membres
choisis par le Conseil Municipal dans son sein, et du
Chef de l'Etablissement.

La nomination des membres du Conseil d'Administration et de tous les fonctionnaires du Collège
est soumise à l'approbation du Ministre de l'Instruction publique.

Le Préfet, quand il le juge convenable, prend
séance dans ce Conseil et le préside (délibération
du Conseil Municipal du 30 mars 1826, homo-
loguée par ordonnance du 19 juillet suivant).

Le Conseil d'Administration connaît de tout ce
qui concerne la direction des études, le personnel

des fonctionnaires et maîtres, la tenue de la maison, son administration intérieure et sa comptabilité.

Il règle le Budget des Recettes et Dépenses de l'Établissement, détermine le prix des pensions qui est uniforme pour tous les élèves, fixe le traitement des divers fonctionnaires et vérifie les comptes.

Un des membres du Conseil d'Administration, délégué chaque année par le Conseil, a la surveillance spéciale de la gestion économique.

Toutes les pièces de dépense, avant d'être acquittées, doivent être revêtues du visa du Directeur.

Le budget, réglé par le Conseil d'Administration, est soumis à l'examen du Conseil Municipal et à l'approbation du Préfet.

Le Procureur-gérant, sous sa responsabilité, ne peut excéder dans ses paiements les allocations faites au budget, ni changer l'affectation des crédits qui y ont été ouverts.

Néanmoins, si des changements aux allocations du budget sont reconnus indispensables par le Conseil d'Administration, ils sont soumis aux mêmes formalités que le budget même.

Les écritures de l'établissement sont tenues en partie double, et le Procureur-gérant se conforme en outre, pour l'ordre de la comptabilité et de la caisse, aux instructions qui lui sont données par M. le Préfet.

LE DIRECTEUR. — Le premier, on pourrait presque dire l'unique devoir du Directeur est de veiller constamment à ce que toutes les personnes attachées au Collège, à quelque titre que ce soit, remplissent exactement le leur.

Il ne doit jamais perdre de vue qu'il est responsable devant Dieu et devant les hommes de la bonne administration du Collège, et il doit puiser dans cette pensée le courage et la force nécessaires pour faire observer par tous le règlement.

Si l'on n'entre pas ici dans le détail minutieux des obligations de tout genre qui lui sont imposées, c'est qu'elles comprennent tous les instants et tous les actes de la journée, et que, pour en rien omettre, il faudrait commencer par reproduire le règlement particulier de chacun des fonctionnaires.

Esprit de fermeté et de bienveillance vis-à-vis des maîtres, ne leur épargnant ni les avis, ni même les remontrances au besoin, mais toujours avec cette douceur et cette mesure qui en assurent l'efficacité ; esprit de complète impartialité à l'égard des élèves, en même temps que de modération et de patience, les pénétrant bien de cette idée que la règle ne fait acception de personne, qu'une punition n'est jamais infligée arbitrairement, et que les faveurs et les récompenses sont les mêmes pour tous dans des circonstances semblables : voilà des règles de conduite qu'il ne doit point perdre de vue et qui lui faciliteront l'accomplissement de sa tâche.

Dans ses relations avec les parents, il doit toujours se montrer d'une humeur égale, mais se tenir en garde contre des exigences exagérées, et pour les sorties ne jamais se départir des règles qu'il aura une fois établies.

En cas d'absence ou d'empêchement, il est remplacé par le Préfet Général des Études. Il ne doit jamais quitter le Collège sans avoir la certitude que le Préfet Général est présent.

Il doit présider lui-même aux sorties concurremment avec le Préfet Général.

PRÉFET GÉNÉRAL DES ÉTUDES *(remplissant les fonctions de Censeur).* — Le Préfet Général est le surveillant spécial et immédiat de tout ce qui concerne l'enseignement et la discipline.

Il reçoit directement les instructions du Directeur et lui rend compte de l'exécution.

Il le remplace dans toutes ses fonctions en cas d'absence ou d'empêchement, est investi de toute son autorité et prend les mesures que les circonstances peuvent exiger.

Sa surveillance embrasse tous les exercices de la journée et s'étend jusqu'aux moindres détails.

Hors le temps convenu, il ne doit jamais s'absenter sans avoir prévenu le Directeur pour que le Collège ne soit jamais exposé à se trouver sans chef.

Il doit se tenir presque constamment dans son

cabinet, et, plus particulièrement, pendant les récréations et le soir.

Il règle le service de tous les maîtres et l'emploi de chaque journée, organise et surveille les conférences de tout genre, et pourvoit au remplacement des professeurs et des maîtres en cas d'absence ou de maladie.

Tous les jours, à sept heures, il assiste à la visite du médecin.

A huit heures, il assiste à la réunion des préfets particuliers chez le Directeur. Il confère ensuite avec lui de tout ce qui peut intéresser le Collège.

Il assiste de temps en temps à la réunion des maîtres chez les préfets pour la confection des notes.

Il fait venir le plus souvent possible auprès de lui les élèves qui ont besoin d'encouragements ou de conseils ; et, quand un élève entre pour la première fois au Collège, il le voit tous les jours jusqu'à ce que cet élève paraisse complètement habitué.

Il assiste aux examens généraux dans chaque classe, et même de temps en temps aux leçons du professeur.

Il met dans un dossier particulier tout ce qui intéresse chaque élève : rapports, notes particulières, punitions ou récompenses extraordinaires, etc. Une feuille séparée contient les renseignements fournis par les familles.

Il est libre de droit un jour de la semaine, le mercredi à partir de deux heures et demie, et les dimanches de grande sortie depuis dix heures.

Les points suivants sont particulièrement recommandés à son attention :

Lever et coucher des élèves dans les trois collèges. — Il doit s'y trouver le plus souvent possible, s'assure si les maîtres exercent la surveillance exigée ; si les garçons sont à leur poste ; si, quand il reste quelques élèves, les portes sont bien fermées, etc.

Prière. — Il y assiste de temps en temps, surtout dans les salles d'études où il peut croire qu'elle se fait avec le moins de soin.

Classes. — Il assiste à la rentrée et à la sortie, recueille les observations des professeurs et y fait droit.

Études. — Il les visite au moins une ou deux fois par semaine, en détail, à des moments différents de la journée, tantôt pendant la récitation des leçons, tantôt pendant la confection des devoirs. Lorsqu'une étude ne lui paraît pas convenablement dirigée, il multiplie ses visites jusqu'à ce que le bon ordre y soit complètement rétabli.

Réfectoires. — Il les parcourt successivement, pendant les repas, s'assurant si les élèves sont bien servis et écoutant leurs réclamations.

Coucher et études volontaires du soir. — Sa surveillance redouble le soir, et il ne doit se retirer qu'après s'être assuré que tous les élèves sont dans leurs chambres, les chambres fermées et les maîtres à leur poste. Il fait une fois par semaine une ronde extraordinaire vers minuit.

Infirmerie. — La surveillance de l'infirmerie appelle plus particulièrement son attention. Il assiste tous les matins à la visite du médecin, et à celles du chirurgien et du dentiste les jours où ils viennent au Collège. Il écrit aux parents à la moindre indisposition de leurs enfants et a soin de leur donner exactement des nouvelles. Il visite l'infirmerie au moins trois fois par jour.

Cabinet central. — Surveillance générale. — Il est de toute nécessité que le cabinet de l'Administration ne reste point vide un seul instant, puisque c'est là que tout aboutit. A chaque heure de la journée, il doit s'y trouver un chef prêt à répondre aux personnes du dehors, ou à prendre, dans l'intérieur, les mesures immédiates que peuvent exiger l'ordre et la discipline, sauf à en rendre compte le plus tôt possible au Directeur.

Il en est de même de la loge du portier de l'intérieur, qui ne doit pas être abandonnée un seul instant.

Enfin, il doit y avoir toujours dans le Collège un maître surveillant disponible prêt à prendre le service qui peut se trouver en souffrance.

Ainsi :

Le Directeur ou le Préfet Général des Études dans leur cabinet;

Un préfet particulier ou un sous-préfet, au cabinet central;

Un maître suppléant, constamment à la disposition du Préfet Général;

Un portier ou un garçon de service dans la loge
de l'intérieur.

PRÉFETS PARTICULIERS. — Quoique subordonnés
au Directeur et au Préfet Général, les Préfets doivent
se regarder comme les chefs responsables du Collège
qu'ils administrent. Leur surveillance ne se borne pas
à tel ou tel exercice de la journée; elle est de tous
les instants et commence avec le lever pour finir
avec le coucher des élèves.

Ils ne doivent jamais s'absenter sans s'être assurés
que leur sous-préfet est là pour les remplacer.

Ils sont levés avant les élèves et s'assurent que
tous les maîtres sont à leur poste.

Ils se font remettre à toutes les études la liste des
absents.

Ils surveillent la récitation des leçons, jettent un
coup d'œil sur les devoirs et les envoient à 7 heures
au Directeur.

Ils surveillent l'entrée en classe et la sortie, examinent les *Recitaverunt* et prennent note des observations des professeurs.

Ils président à tous les repas.

Les récréations sont pour eux l'objet d'une sollicitude toute particulière. Ils se promènent souvent

dans les cours, y restent constamment à la moindre apparence de désordre et observent avec le plus grand soin tout ce qui peut intéresser les mœurs.

Ils assistent souvent à la prière.

Ils visitent les salles d'études pendant l'étude du soir, et, chaque jour, à des heures différentes.

Ils passent tous les jours les élèves en revue pour s'assurer si leur tenue est convenable, s'ils n'ont ni le visage, ni les mains sales, ni les habits déchirés.

La santé des élèves doit être une de leurs grandes préoccupations. Ils ont soin qu'à l'étude ils ne soient point placés dans des courants d'air; que leurs vêtements soient conformes à la saison; et, à la moindre indisposition, ils les envoient à l'infirmerie où ils les visitent souvent.

Ils font aussi de fréquentes visites aux salles d'arrêt et aux salles de musique.

Le soir, après le couvre-feu, ils font les notes avec les maîtres et s'entretiennent avec eux de tout ce qui peut intéresser les élèves.

Ils vont lire ces notes le matin dans chaque étude.

Ils les portent à 8 heures au Directeur et lui rendent compte de tout ce qui s'est passé depuis la veille.

Ils font venir en particulier les élèves les mieux ou les plus mal notés pour leur adresser des félicitations ou des réprimandes. La règle de leur conduite doit être celle d'un bon père de famille qui aime ses enfants sans faiblesse, et qui n'agit que dans leur plus grand intérêt.

Ils sont libres un jour de la semaine à partir de 2 heures 1/2, les dimanches de grande sortie à partir de 10 heures, pendant toutes les classes, sauf un service alternatif au Cabinet central, et pendant l'étude de 10 heures à midi.

L'article des répétitions particulières demande de leur part une grande circonspection. Jamais ils ne doivent en accepter directement des parents, et les exigences de leurs fonctions ne leur permettent d'en donner qu'un très petit nombre.

Ils sont chargés de préparer les bulletins qui sont envoyés aux parents toutes les six semaines. Ils peuvent se faire aider dans ce travail par le sous-préfet.

Ils font chacun une fois par semaine une ronde générale dans le Collège vers minuit.

Les Sous-Préfets. — Le Sous-Préfet est placé sous les ordres immédiats du Préfet. Il doit ne faire qu'un avec lui de telle sorte que, dans la division qui leur est confiée, on soit toujours sûr de trouver l'un ou l'autre.

Il remplace aussi trois maîtres par semaine à partir de 4 heures 1/2 ; et si l'un d'eux tombe malade et qu'on n'ait pu y pourvoir autrement, il en remplit les fonctions et alors tout autre remplacement est suspendu.

Il supplée aussi au besoin les professeurs.

Les sous-préfets président au déjeuner des élèves, sauf le jeudi et le dimanche.

Ils sont chargés de la surveillance pendant les autres repas concurremment avec le Préfet.

De 10 heures à 2 heures, ils sont constamment de service et ne doivent point s'absenter un seul instant. A 10 heures, ils examinent les *Recitaverunt* et font exécuter les punitions que les professeurs peuvent avoir données.

Ils président à tous les exercices qui se font entre les classes, surveillent la toilette, visitent les arrêts, les salles de dessin, d'escrime et de musique; enfin ils se multiplient pour que le bon ordre règne partout. Ils ne doivent point donner de leçons particulières pendant cette étude. Ils président à tous les mouvements qui ont lieu pour passer d'un exercice à un autre.

Les récréations sont pour eux l'objet d'une surveillance spéciale. Ils font des rondes continuelles dans les cours, s'assurent si toutes les portes sont fermées, poursuivent impitoyablement les rôdeurs au parloir, dans la cour d'honneur, partout où ils peuvent trouver à se glisser. Au petit collège, ils font réparer les leçons.

Ils président aux leçons de danse et de gymnastique.

Ils distribuent aux élèves les livres de classe, le papier et les plumes dont ils ont besoin.

8

Ils font une étude extraordinaire de trois heures, tous les jeudis et tous les dimanches, à l'heure qui est fixée par le Préfet Général. Cette étude n'ayant pas lieu au grand collège, le sous-préfet est chargé, à la place, d'un service de cabinet.

Les sous-préfets du grand et du moyen collège conduisent le jeudi et le dimanche les élèves aux Oratoires. Celui du petit collège est chargé pendant ce temps de surveiller la toilette des enfants.

Ils sont chargés de la surveillance des confessions.

Les dimanches de grande sortie, ils sont de surveillance toute la journée.

Ils remplacent le Préfet une fois par semaine à partir de 2 heures ; et le jeudi, tous les quinze jours, à partir de 5 heures.

Ils aident les préfets à faire les bulletins qui sont adressés aux parents.

Ils partagent avec les préfets le service des congés extraordinaires.

Ils assistent aux réunions des maîtres chez le Préfet.

Ils font chacun, une fois par semaine, une ronde générale dans le Collège, vers minuit.

DIVISION DES MINIMES. — Le sous-préfet chargé de cette division, quoique placé sous l'autorité du préfet du petit collège, remplit presque toutes les fonctions des préfets particuliers.

Il préside au lever et au coucher des élèves, à la

prière, qui se fait autant que possible en commun, aux récréations et aux divers repas.

De 10 heures à midi, il doit présider lui-même à la toilette des enfants.

Il est dispensé des remplacements réguliers des maîtres d'études pendant l'étude du soir; mais si un maître est absent ou empêché, il doit prendre immédiatement son service jusqu'à ce qu'il ait pu être pourvu à son remplacement.

Il est chargé de la surveillance des confessions.

Le premier maître de cette division est dispensé de la surveillance des récréations, lorsqu'elles se prennent dans la cour.

Pendant la récréation qui suit le dîner, il garde pendant une demi-heure les élèves des différentes classes qui ont des leçons à réparer.

Il n'est point remplacé dans la semaine, mais il est libre tous les dimanches où il y a une sortie soit générale, soit de faveur, à partir de midi.

Il est chargé des études extraordinaires du jeudi et du dimanche.

DES MAÎTRES D'ÉTUDES. — La conduite des Maîtres doit toujours être égale et soutenue : ils doivent mettre de l'affection, de la bonté, de la patience et beaucoup de calme dans leurs rapports avec leurs élèves, les avertir souvent et n'avoir recours à la punition que lorsqu'ils ont vu leurs avertissements inutiles et leur indulgence sans résultat.

Il est sévèrement interdit à un maître de frapper un élève ou de le faire mettre à genoux, quelque coupable qu'il lui paraisse d'ailleurs. Il ne peut à cet égard que se conformer aux punitions autorisées par le Règlement du Collège.

Tous les maîtres doivent, dans l'intérêt général, veiller exactement en tout temps, en tout lieu, à l'exécution de la règle, au maintien des bonnes manières, des bonnes habitudes et surtout des bonnes mœurs.

Cette dernière partie réclame d'eux une attention toute particulière et une sollicitude de tous les instants. S'ils voient ou s'ils entendent en récréation, ou à l'étude, quelque chose qui leur paraisse suspect à cet égard, leur devoir est d'en faire part le plus promptement possible au Préfet qui s'en entend avec le Directeur.

Pour assurer d'une manière plus facile et plus complète l'exécution du Règlement, le Préfet réunit chez lui tous les maîtres, le jeudi soir à neuf heures. Dans cette réunion, chaque maître soumet au Préfet ses observations sur la conduite morale des élèves de son étude, sur leur travail et leur progrès. S'il a remarqué dans l'intervalle d'une réunion à l'autre quelque désordre, sous quelque rapport que ce soit, des mesures sont prises pour arrêter ce désordre et en prévenir le retour.

Des Maîtres-suppléants. — Les Maîtres-suppléants doivent cinq heures de service par jour;

trente-cinq heures par semaine. Ils n'ont point de traitement.

Dès qu'un maître d'étude tombe malade ou a un autre motif d'empêchement, le maître-suppléant désigné doit prendre immédiatement sa place.

Il y a un maître-suppléant plus spécialement attaché au service de chaque collège. C'est à lui que le Préfet s'adresse dès qu'un maître se trouve absent pour quelque motif que ce soit; mais il n'en reste pas moins à la disposition du Préfet Général qui peut l'employer dans tous les collèges indistinctement.

PROFESSEURS ET MAÎTRES D'AGRÉMENT. — Tous les Professeurs et Maîtres qui sont autorisés à donner des leçons dans le Collège ne doivent pas oublier qu'ils sont par cela même associés à l'Administration, et qu'il est de leur devoir de faire part immédiatement au Directeur ou au Préfet de tout ce qu'ils peuvent apprendre ou observer qui intéresse les mœurs, l'ordre et la discipline.

Ils sont invités à mettre la plus grande réserve dans leurs rapports avec les élèves, à ne leur permettre aucune familiarité, et à faire toujours observer la distance qui doit séparer l'élève du maître.

Ils ne doivent se charger d'aucun message pour les élèves, ne se faire l'intermédiaire d'aucune correspondance, n'apporter ni ne laisser à leur disposition ni livres, ni journaux, ne leur jamais parler de ce qui peut se passer ou se dire au dehors. Donner la leçon, ne s'occuper et ne parler que de ce qui s'y rapporte directement, voilà la règle dont ils ne doivent jamais se départir.

Aucune leçon ne doit commencer sans une autorisation écrite du Directeur.

Les leçons se donnent de 10 heures à midi quand les devoirs n'en souffrent pas, mais seulement sur l'autorisation écrite du Préfet du collège auquel l'élève appartient, et de midi 3/4 à 1 heure 3/4.

Il n'est permis d'appeler un élève pendant l'étude qu'à l'heure juste ou à la demie.

MM. les maîtres doivent aller chercher eux-mêmes l'élève, soit à la salle d'étude, soit à la cour de récréation, le reconduire, et ne s'éloigner que lorsqu'ils l'ont vu rentrer dans la salle, si l'on est à l'étude, ou dans la cour, si l'on est en récréation.

Chaque leçon est d'une demi-heure. L'usage est d'en prendre trois par semaine. Il n'y peut être dérogé qu'en vertu d'une autorisation écrite du Directeur.

Aucune fourniture d'aucun genre ne doit être faite sans une autorisation du Procureur-gérant.

Chaque maître remet au Directeur un tableau indiquant les heures auxquelles les élèves prennent leurs leçons. Ce tableau est dressé de manière à ce que les leçons soient réparties, autant que possible, entre les études et les récréations.

A l'issue de chaque leçon, l'élève doit signer la feuille qui a été préparée à cet effet. Ces feuilles sont laissées chez le concierge et vérifiées par le Préfet Général.

SALLE D'ARMES. — La durée de la leçon est d'une demi-heure pour trois élèves. Si le professeur est seul, il ne peut appeler que trois élèves ; s'il est accompagné d'un prévôt, il peut en appeler six ; de deux prévôts, neuf ; etc.

Jamais les élèves ne doivent rester seuls dans la salle. Lorsqu'une leçon est terminée, le professeur reconduit les élèves qui viennent de la prendre avant d'en faire appeler d'autres. Jamais, sous aucun prétexte, les deux séries ne doivent se trouver en même temps dans la salle.

Aucun élève ne doit être admis à faire assaut sans avoir un gilet garni de peau et ouaté, et un masque. Avant qu'il commence, le professeur doit visiter les fleurets. Tout simulacre d'assaut est formellement interdit.

Toute faute contre la discipline ou la subordination commise à la salle d'armes est sévèrement punie. Le professeur est tenu de la signaler sur le champ au Directeur ou au Préfet.

GYMNASTIQUE. — Les leçons de gymnastique sont données aux frais du Collège aux élèves du petit collège et de la division des minimes.

Elles ont lieu le mardi et le jeudi, de 10 heures à midi.

La répartition de ce temps entre les élèves des différentes classes est réglée par le Préfet d'accord avec le maître.

Ces leçons donnent lieu, comme les leçons ordinaires, à des récompenses et à des punitions.

Les leçons données aux élèves du moyen et du grand collège sont aux frais des parents. Elles ont lieu :

Pour le moyen collège, le jeudi, de 9 heures à 10 heures, et le mardi après le dîner ;

Pour le grand collège, le lundi et le vendredi, à midi 3/4.

Le maître de gymnastique ne peut donner de leçons particulières qu'aux élèves inscrits pour la leçon générale.

Il ne peut prendre que six élèves à la fois s'il est seul, dix s'il a un aide. En aucun cas, l'aide ne peut prendre d'élève en l'absence du maître.

Le maître ne doit permettre aucun exercice qui puisse présenter le moindre danger.

MUSIQUE VOCALE. — Ces leçons sont données aux frais du Collège le mardi et le jeudi, de 5 heures à 6 heures 1/2. Il y a deux divisions pour les minimes, et une division pour les élèves de cinquième et de sixième. Elles sont faites par le maître de chapelle qui s'adjoint un autre maître.

Sous-économe. — Outre le soin des approvisionnements et la surveillance des cuisines qu'il ne doit pas quitter un seul instant pendant les repas, le sous-économe exerce une autorité absolue sur tous les gens de service.

Il s'assure si le règlement qui concerne chacun d'eux est fidèlement exécuté.

S'il s'élève quelques plaintes au sujet de la nourriture, il commence par faire droit, autant que possible, aux réclamations qui lui sont faites par les préfets, sauf à adresser ensuite au Directeur les observations qu'il croirait convenables.

Il doit visiter au moins une fois par semaine, et à des jours non prévus, chaque dortoir dans le plus grand détail, et, plusieurs fois, l'atelier du tailleur.

Pour s'assurer si les matelas sont retournés, il les fait numéroter (1 et 2) et exige que tel jour de la semaine le n° 1 soit en dessus, et que ce soit le contraire deux jours après.

Il déterminera le prix des objets de consommation dont les préfets permettent la vente.

S'il fait quelque vente aux élèves, soit de meubles, soit d'articles de toilette, il ne doit jamais le faire que sur une autorisation écrite des parents, visée par le Procureur-gérant.

La vente d'un seul modèle de képi et de casquette est autorisée.

En général toute vente faite aux élèves d'un

objet quelconque doit être uniforme, c'est-à-dire de la même qualité et du même prix.

L'entrée des dortoirs est formellement interdite aux tailleurs, cordonniers et autres fournisseurs, soit du Collège, soit des familles. C'est à la lingerie seule ou dans la salle qui a pu leur être affectée qu'ils peuvent entrer en communication avec les élèves.

INFIRMERIE. — Tous les matins, à 8 heures, après la visite du médecin, à laquelle assiste le Préfet Général des Études, la liste des élèves qui se trouvent à l'infirmerie est envoyée au Directeur.

Si, dans la journée, il survient quelque changement notable dans l'état d'un malade, le Directeur ou le Préfet Général en sont immédiatement avertis.

Le Directeur visite l'infirmerie au moins une fois par jour. MM. les aumôniers l'accompagnent de temps en temps.

Le Préfet de chaque collège visite ceux de ses élèves qui peuvent se trouver à l'infirmerie.

Les élèves qui sont malades à l'infirmerie ne doivent jamais être laissés seuls.

S'il y a des élèves dans les salles du moyen et du petit collège, les sœurs se tiennent dans la salle qui les sépare, les portes ouvertes, ou bien elles restent chacune dans une salle. Elles ont soin de ne pas s'absenter en même temps ; ou, lorsqu'il y a pour elles l'obligation de le faire, alors le garçon infirmier les remplace. Jamais, dans aucun cas, ces salles ne doivent rester sans surveillance.

Le garçon infirmier couche toujours dans une des salles de l'infirmerie, celle où sa présence peut être le plus nécessaire ; c'est la sœur supérieure qui en décide. Il doit toujours rester de la lumière à l'infirmerie pendant la nuit.

Aucune tisane, aucun médicament ne doivent être laissés à la disposition d'un malade. Les différentes potions sont données par les sœurs aux heures fixées par le médecin.

Quand il arrive quelques parents à l'infirmerie pour visiter un élève, la sœur supérieure est prévenue aussitôt, pour leur rendre compte de l'état du malade.

Le médecin fixe le régime alimentaire nécessaire à chaque malade. La sœur supérieure en envoie la note à M. l'Économe, et elle a soin qu'aucune autre nourriture ne soit donnée à l'élève. En cas d'urgence, tout ce que la sœur supérieure demande à la cuisine doit lui être fourni.

LINGERIE. — Aucun élève ne doit être admis à la lingerie, à moins qu'il ne soit accompagné de ses parents, ou qu'il n'ait une autorisation écrite.

Si la maîtresse-lingère a besoin d'un élève, elle doit l'envoyer chercher et le faire reconduire, et seulement à l'heure des récréations.

Aucun ouvrage ne doit se faire à la lingerie qui

ne soit pas pour le compte de la maison. Tout travail rétribué soit directement, soit indirectement, est formellement interdit.

Il est recommandé de la manière la plus formelle à M. le Procureur-gérant de n'admettre dans ses comptes aucune note émanant de la lingerie.

Si les parents chargent l'Administration de quelques fournitures, elles sont faites directement par les fournisseurs attachés au Collège.

Toutes ces prescriptions sont communes au tailleur qui est attaché à la lingerie et auquel il est strictement interdit de faire payer aucun raccommodage aux élèves.

Il est interdit à toute lingère, même à celles qui sont chargées de la toilette des enfants de rien vendre aux élèves, ni pommade, ni savon, etc.

Le tailleur du Collège ne doit faire que des vêtements d'uniforme aux prix fixés par le prospectus, et sur une autorisation du Procureur-gérant.

Toute fourniture de fantaisie est interdite, ou doit être payée directement par les parents sans l'intermédiaire de l'Administration.

Les cordonniers ne doivent fournir également que des souliers et bottines dont les prix ont été fixés par le Procureur-gérant.

Aucun des fournisseurs ne doit monter dans les dortoirs. Une salle leur est assignée où ils peuvent faire venir l'un après l'autre les élèves auxquels ils ont affaire.

Les fournitures de vêtements ne se font qu'à la lingerie, en présence de la maîtresse-lingère qui juge si elles sont convenables.

GENS DE SERVICE.—*Recommandations générales.* — Tous les gens de service, à quelque titre que ce soit, doivent s'interdire toute espèce de familiarité avec les élèves. Ils leur parlent toujours avec politesse. A plus forte raison doivent-ils se montrer polis et respectueux avec les parents et avec les maîtres. Ils n'entrent jamais dans une salle sans se découvrir et ne doivent point passer devant un maître sans le saluer.

Jamais ils ne doivent employer, même entre eux, de jurements et de mots grossiers. Ils évitent avec soin tout ce qui pourrait troubler les classes, comme de crier, de chanter, de s'appeler de loin.

Il leur est formellement interdit de faire aucune commission pour les élèves, même de porter une lettre à la poste, sans en avoir l'autorisation du Directeur ou du Préfet.

Jamais ils ne doivent *demander* le prix d'un service rendu. Il leur est défendu de rien recevoir des élèves, de quelque nature que ce soit, même vieux souliers ou vêtements hors d'usage, sans l'autorisation du Procureur-gérant.

Il leur est formellement interdit de fumer dans l'intérieur du Collège ou dans les environs, et de fréquenter les cabarets.

Ils ne sortent qu'aux heures qui leur sont assignées par le Procureur-gérant, et jamais avant le diner à moins d'avoir obtenu une permission particulière ou d'être envoyés en commission; à plus forte raison ne doivent-ils point sortir le soir après le coucher.

Ils ne doivent rien emporter du Collège sans un visa du sous-économe.

Ils assistent toujours le dimanche et les jours de fête à l'une des deux messes qui se disent pour les élèves.

Ils ont soin que leur tenue soit convenable et ne se présentent jamais devant les élèves sans bas ou en chemise.

S'ils viennent à apprendre quelque chose qui intéresse les mœurs ou la discipline, ils sont tenus d'en avertir sur le champ le Directeur ou le Préfet.

Concierge. — Le concierge ne doit jamais perdre de vue que le poste qu'il occupe est de toute confiance et exige une surveillance de tous les instants.

Aucun élève interne ne doit sortir sans être en uniforme et sans présenter un *exeat* en règle.

Aucun élève externe ne doit quitter le Collège sans être accompagné, à moins qu'il ne soit porteur d'une autorisation du Directeur.

Le concierge tient une liste exacte jour par jour de la sortie et de la rentrée des élèves. Il indique si, à leur retour, les élèves étaient seuls et s'ils étaient en voiture.

Il ne laisse sortir aucun paquet, aucun panier du Collège, sans une autorisation du sous-économe.

Les gens de service et surtout les portiers ne doivent point sortir le matin avant midi, à moins d'être envoyés en commission, ni le soir après le souper.

Il remet tous les matins au Directeur les noms des personnes qu'il saurait n'avoir pas couché au Collège.

Toute personne en sortant doit laisser sa clef dans sa loge, ce qui rend cette vérification facile.

Toute lettre, écrite par des élèves, avant d'être mise à la boîte, doit être présentée au Directeur.

Portiers de l'intérieur. — Jamais la loge qui est au bas de l'escalier de l'Administration ne doit rester vide un seul instant. Les deux portiers, chargés de ce service, ne doivent donc, en aucun cas, la quitter en même temps.

Ils ne laissent passer aucun élève sans une autorisation spéciale d'un maître.

Aucun élève ne peut aller à l'infirmerie sans une permission écrite, ni chez le Procureur-gérant ou le sous-économe sans être mandé par eux.

Pendant les récréations, le Tambour se tient dans la loge, et il est plus particulièrement chargé d'aller appeler les élèves du petit collège qui sont demandés au parloir, ou de monter au cabinet quand la sonnette se fait entendre.

Le premier portier est chargé particulièrement de faire une ronde tous les matins dans les dortoirs après le lever, et de donner immédiatement au Préfet les noms des élèves qui seraient restés couchés par indisposition ou pour toute autre cause. Il a soin de les enfermer dans leur chambre.

Le soir, après le coucher, il fait également une visite pour s'assurer que toutes les chambres sont bien fermées.

Il est chargé d'allumer les bougies dans les chambres, mais il ne doit le faire qu'au moment où les élèves sortent du réfectoire pour entendre la prière.

Portiers des cours. — La surveillance des cours ne doit pas être abandonnée un seul instant. Les portiers ont soin que les élèves ne sortent des salles d'études qu'aux heures fixées par le Préfet, qu'ils n'aillent aux lieux que du côté qui leur est assigné, et qu'ils ne s'arrêtent point dans la cour.

Ils ont soin que toutes les portes soient exactement fermées.

Lorsqu'ils appellent un élève dans une étude, ils ont soin de se montrer au maître et de ne parler qu'à voix basse.

Il leur est recommandé de rendre compte de tout ce qu'ils observent, et des moindres faits qui peuvent intéresser les mœurs, l'ordre et la discipline. S'ils surprennent quelque petit complot, ils en préviennent sans retard le Préfet qui saura n'user de ce renseignement qu'avec la prudence convenable.

Ils ne doivent rien vendre aux élèves sans une autorisation expresse du Préfet de leur collège et du Procureur-gérant qui fixe le prix des objets. Si un élève paraît faire des dépenses exagérées, par rapport à ses petites ressources, ils doivent en avertir sur le champ. Toute vente à crédit est formellement interdite.

Le Tambour. — Autant que possible, pendant les classes et les études, et toujours pendant les récréations, le Tambour doit se tenir dans la loge des portiers de l'intérieur. Il appelle les élèves du petit collège et monte au cabinet quand on sonne.

Plus rapproché par son âge des élèves, il doit s'interdire plus scrupuleusement que tout autre toute familiarité avec eux.

Garçons de dortoir. — Ils sont chargés de réveiller les élèves dès que le tambour ou la cloche se font entendre pour la première fois ; mais ils ne doivent tirer les verrous qu'au moment où les élèves vont descendre et lorsque le maître en donne l'ordre.

Dès qu'on est descendu, ils s'assurent si personne n'est resté dans les chambres et renferment ceux qui pourraient être restés. Si quelque élève du petit collège couche dans le dortoir, ils ont soin qu'il reste enfermé jusqu'au moment où on vient le chercher pour le conduire à l'étude.

Ils font une visite minutieuse, et si l'élève a laissé traîner de l'argent, une montre ou quelque autre objet précieux, ils portent immédiatement au Préfet ce qu'ils ont trouvé.

Ils doivent tenir les chambres dans l'état de propreté le plus convenable. Les matelas doivent être retournés au moins tous les deux jours, et les literies aérées.

Le Préfet détermine la nature des objets qu'ils peuvent vendre aux élèves ; le sous-économe en fixe le prix. Ils ne doivent vendre à aucun élève pour plus de vingt centimes. Il leur est formellement interdit de vendre à crédit.

Les garçons de dortoir accompagnent les élèves à la promenade. Ils doivent toujours marcher à la tête de la division, d'un pas égal et modéré. Ils suivent les indications du maître pour la route à suivre, et ne causent point avec les élèves.

Un garçon de dortoir est tous les jours à la disposition du Directeur et du Procureur-gérant, de 2 heures à 4 h. 1/2 et de 5 heures à 7 h. 1/2, pour faire les courses ou commissions qui sont nécessaires.

On voit que M. Defauconpret avait touché à toutes les questions : professeurs, maîtres d'études, élèves, agents inférieurs, tous avaient reçu de ce

chef éminent des conseils et une ligne de conduite.
Il n'y a point de détails à négliger quand on a
charge d'enfants, et M. Defaucoupret était sans
cesse préoccupé de l'amélioration de ceux qui lui
étaient confiés. Sa sollicitude les suivait, en outre,
après leur sortie du Collège et il s'efforça de leur
constituer pour ce moment ou pour d'autres un
patronage des plus efficaces. Une Association amicale des anciens élèves de Ste-Barbe-Rollin, ébau-
chée dans quelques réunions antérieures, fut définitivement fondée par lui en 1847 ; il en accepta la
présidence jusqu'à sa mort. Nous donnons plus loin
les statuts de cette Association qui remplit toujours
le même objet, sous la généreuse activité de l'un des
fils de son fondateur.

Au cours de sa longue administration, M. Defauconpret avait eu à prendre deux fois la défense de
son Collège. Il le fit toujours avec la plus grande
énergie et avec la conviction que toute modification
apportée soit dans sa constitution, soit dans sa situation matérielle, serait de nature à en compro-
mettre l'avenir. La première fois, il s'agissait de
résister aux empiètements possibles de l'État, au
moment où l'on allait appliquer la loi nouvelle sur
l'Instruction publique. Dans la séance du 28 mai 1852,
M. Defauconpret savait intéresser le Conseil à sa
cause.

Lorsque, au mois de mai 1858, avant d'autoriser
les travaux d'agrandissement et d'amélioration de-

mandés par M. le Directeur, M. le Préfet de la Seine pria le Conseil Municipal de décider si le Collège Rollin resterait sur son emplacement actuel, ou s'il serait transféré sur la rive droite, M. Defauconpret fit un plaidoyer éloquent *pro domo sua*. Il obtint encore gain de cause, ainsi que l'établit le procès-verbal dont nous puisons un extrait dans le registre des délibérations.

« Le Conseil,

« Attendu que le Collège Rollin n'a rien à gagner à un déplacement, puisqu'il est en pleine prospérité et qu'il a autant d'élèves qu'il en peut recevoir;

« Que l'emplacement qu'il occupe actuellement est dans la situation la plus favorable pour la santé des élèves qui y sont dans un excellent air, au milieu du calme et de la tranquillité que demandent leurs études;

« Que, s'il est éloigné des quartiers où demeurent le plus grand nombre des parents, cet éloignement est plutôt un avantage qu'un inconvénient, la trop grande proximité des familles étant tout au moins une cause de fréquentes distractions pour les élèves;

« Que les professeurs et les maîtres, dont l'intérêt ne saurait être indifférent à l'Administration Municipale, trouvent, dans le quartier latin, pour leurs travaux et pour les besoins de leur enseignement, des ressources qui leur manqueraient ailleurs, en même temps que, sur la rive droite, ils verraient s'accroître dans une forte proportion le chiffre de leurs dépenses;

« Est d'avis

« Que le Collège Rollin ne doit pas quitter son emplacement actuel. »

Dès le mois de juillet 1864, M. Defauconpret avait exprimé le désir d'être admis à prendre sa retraite. Dans sa lettre au Ministre de l'Instruction publique, il s'excusait « d'avoir reconnu, un peu tard peut-être, qu'il arrive un moment où les meilleures intentions ne suffisent pas pour conduire un grand Établissement d'éducation et qu'il faut savoir se retirer quand les forces commencent à faire défaut ». Le Grand-maître de l'Université, M. Duruy, ancien élève de Rollin, n'en jugea pas ainsi, puisqu'il le pria de conserver la direction, durant plusieurs mois encore, jusqu'à ce qu'elle pût être remise aux mains du Préfet Général des Études, alors gravement malade.

M. Paret n'entra en fonctions que le 26 mars 1864. Son premier et seul acte fut de rendre publiquement hommage au caractère et au talent de son prédécesseur dont il s'efforcerait, disait-il, de suivre les exemples. La maladie, dont il avait été repris de nouveau, ne lui en laissa pas le temps et sa mort suivit de près la retraite de M. Defauconpret.

Appelé, le 4 août 1864, par M. le Ministre de l'Instruction publique de concert avec M. le Préfet de la Seine à la direction du Collège Rollin,

M. E. Talbert devait la conserver douze ans. Il signale son passage par une innovation qui nous paraît très heureuse bien qu'elle soit vite tombée en désuétude. En 1865, pendant les vacances de Pâques, le Directeur du Collège choisissait quelques élèves parmi ceux qui étaient les mieux notés, et les emmenait visiter avec lui les principales villes du midi de la France. Aux vacances de Pâques de 1866, une excursion plus importante était entreprise : neuf élèves, dont quatre de philosophie, quatre de rhétorique, et un de mathématiques élémentaires, accompagnés d'un des professeurs d'anglais du Collège, et conduits par le Directeur, faisaient une rapide excursion en Angleterre, parcouraient Londres et poussaient jusqu'à Oxford, où ils étaient admis à visiter presque tous les collèges de la célèbre Université.

Dans le premier rapport qu'il lut au Conseil d'Administration, à propos de la présentation du budget de l'exercice 1865, M. Talbert avait repris la question ajournée sous ses prédécesseurs. Il demandait le déplacement du Collège et affirmait qu'un brillant avenir lui était réservé aussitôt que sa translation à l'avenue Trudaine serait un fait accompli. Tout projet d'aménagements nouveaux pour l'ancienne maison fut donc abandonné et la construction d'un nouvel Établissement entrait dès lors dans la période d'exécution.

La guerre de 1870 et les événements qui en furent

la conséquence trouvent encore les élèves dans leur Collège de la rue des Postes. Quelques journaux ont annoncé que les bâtiments en avaient été envahis et mis au pillage ; il n'a pas même été menacé. On y continue les cours et je doute que dans d'autres Lycées de Paris on ait pu établir et conserver un palmarès se rapportant à l'année terrible. Nous lisons à la première page de celui de Rollin :

« La rentrée des classes a eu lieu, au Collège Rollin, au jour fixé, le 3 octobre 1870, malgré le siège.

« Les élèves présents à Paris ont suivi les cours, comme externes, jusqu'au 15 mars, avec une seule interruption, du 9 au 28 janvier, pendant que le bombardement redoublait d'intensité. (Neuf obus sont tombés dans le Collège, dont trois seulement sur les bâtiments et six dans les cours.)

« Des prix, dont on trouvera la liste ci-jointe, ont été décernés aux élèves qui, pendant le siège, se sont distingués dans leurs classes par leur application et leurs progrès.

« La reprise de l'internat a eu lieu le 15 mars. Mais, bientôt troublée par les funestes événements qui ont suivi le 18 mars, elle n'a été définitive qu'à partir du 1er juin.

« Conformément à la décision de M. le Ministre de l'Instruction publique, des prix et accessits d'excellence ont été décernés aux élèves d'après l'en-

semble des points obtenus dans toutes les compositions faites à partir du 13 juin.

« L'ouverture des vacances a eu lieu au Collège
Rollin le 28 août.

« La rentrée des classes est fixée au 2 octobre. »

Puisque nous parlons de la guerre franco-alle-
mande, nous mentionnerons que le Collège Rollin
y compta des héros et des victimes. Au mois de
mars 1872, les Membres du Conseil, les fonctionnaires, les élèves et quelques invités assistaient à
une touchante cérémonie qui avait lieu dans la
chapelle de l'Établissement et dans laquelle était
consacré le monument élevé par l'Association amicale des anciens élèves du Collège Ste-Barbe-
Rollin à la mémoire de ceux qui, au nombre de dix-
neuf, étaient morts dans la guerre.

Ce n'est qu'en 1876 que les constructions du nouveau Collège furent terminées. Le Conseil d'Administration y tient sa première séance le 28 juin de
cette année et en visite les bâtiments. Il prend acte
des déclarations de M. l'architecte Roger qui af-
firme que, sauf le cas de force majeure, la rentrée
d'octobre 1876 pourra s'effectuer dans le nouvel
Établissement. On décide du reste que la Distribution des Prix aura lieu dans les locaux de l'avenue
Trudaine. On pense avec raison que la vue des nouveaux bâtiments et de la magnifique installation du
Collège est de nature à satisfaire pleinement ceux
qui assisteront à cette solennité.

Pendant les vacances scolaires qui suivirent, M. Talbert demanda sa mise à la retraite; il alléguait que l'état de sa santé ne lui permettrait point de diriger le nouveau Collège avec l'ardeur et l'énergie nécessaires. Ses scrupules étaient assurément exagérés. La Commission administrative, par la voix autorisée de son Président, lui exprima hautement les regrets qu'elle éprouvait de le voir quitter la maison qu'il avait dirigée avec tant de distinction.

CHAPITRE IV

Régime actuel de l'Établissement

En prenant la succession de M. Talbert, M. Grenier avait assumé la lourde responsabilité de recevoir les élèves à la rentrée d'octobre 1876 et d'organiser les divers services dans le Collège de l'avenue Trudaine. Il se proposait de donner une certaine solennité à l'inauguration de l'édifice nouveau; malgré la demande qu'il en fit et les instances du Conseil, la rentrée s'opéra sans éclat, dans les conditions ordinaires. Le Préfet de la Seine avait répondu qu'une cérémonie tardive comme celle qui aurait pu avoir lieu le 16 octobre, présentait le grave inconvénient d'appeler davantage l'attention des familles sur l'état incomplètement terminé de quelques-uns des travaux d'aménagement scolaire.

M. Grenier accomplit sa mission avec une louable activité et le succès le plus complet, admirablement secondé qu'il était d'ailleurs par l'intelligente compétence de M. Delzons, économe du Collège. Lorsque, deux ans après, ce Directeur était appelé aux fonctions de Proviseur du Lycée Henri IV, le Conseil saluait son départ avec de vifs regrets et le remerciait du zèle dont il avait fait preuve dans son administration du Collège Rollin et des éminents services qu'il n'avait cessé de rendre à l'Établissement. Il laissait, en effet, à M. Roguet, le nouveau Directeur, une maison complètement installée et organisée jusque dans les moindres détails.

Au point où nous sommes arrivés, nous devons nous borner à citer les modifications qui, sous l'empire des réformes de programmes ou par la force des circonstances, se sont introduites dans le régime du Collège Rollin et en ont peu à peu changé la physionomie.

Notre Établissement d'Enseignement secondaire Municipal est devenu tout à fait *le Lycée* de la Ville de Paris. Si ses professeurs et ses fonctionnaires sont nommés par le Ministre de l'Instruction publique et assimilés en tout, pour le classement et l'avancement, à leurs collègues des Lycées, le Conseil Municipal s'est du moins appliqué à les attacher à peu près définitivement au Collège par des avantages spéciaux. C'est ainsi qu'une indemnité personnelle peut être attribuée à ceux des administrateurs, Directeur, Censeur, Économe, qui auront atteint quarante ans de services et qui seront attachés depuis six ans au Collège Rollin. Des crédits de promotion d'attente permettent aussi d'accorder, sur la proposition du Directeur, une indemnité temporaire égale au taux d'une promotion aux professeurs et répétiteurs, non promus régulièrement, qui comptent au moins quatre ans d'ancienneté de classe et de présence dans l'Établissement. La même faveur peut être octroyée aux professeurs de 1re classe ayant six ans d'ancienneté de promotion.

La question de l'externement des répétiteurs, si lente à régler dans les Lycées malgré les intentions si bienveillantes de l'Administration supérieure, par suite de l'insuffisance des crédits que le Parlement a mis à sa disposition, a trouvé l'accueil le plus favorable auprès du Conseil Municipal. Tous les maîtres de Rollin, à l'exception des deux qui sont nécessaires pour assurer le service de permanence de nuit, bénéficient de l'externement complet ou de l'externement partiel selon leur rang d'ancienneté de services. Les uns et les autres reçoivent l'indemnité complète de nourriture et de logement, et cette indemnité a même été portée à 1,500 francs pour tout répétiteur qui atteint deux ans de présence dans la maison. Tel est l'ensemble des mesures libérales par lesquelles la Ville de Paris s'est assuré un personnel de maîtres et de professeurs aussi fidèles à son Collège que dévoués à leurs fonctions.

Lorsqu'elle avait décidé la translation du Collège Rollin de la rue des Postes dans les bâtiments de l'avenue Trudaine, l'Administration se proposait d'y admettre un grand nombre d'externes et de demi-pensionnaires. Mais en dérogeant ainsi à l'idée qui, d'après tout ce que nous avons exposé dans ce livre, semble avoir présidé à la fondation de cet Établissement, elle empruntait à son organisation matérielle ce que les élèves internes et leurs familles pouvaient avoir le plus à cœur de conserver. Le nouveau Rollin eut ses dortoirs calqués sur les modèles de l'ancien. C'est le seul des grands Établissements publics d'enseignement secondaire de Paris où les dispositions du local permettent de placer chaque élève dans une chambre séparée, avec son petit mobilier et ses objets de toilette. Des chambres plus vastes sont même aménagées en vue de recevoir deux ou trois frères, lorsque les parents ont assez de confiance en eux pour le demander.

Mais, nous l'avons dit, les externes avaient accouru en masse dans le nouvel édifice et l'effectif de la population scolaire atteignit bientôt 1,200 élèves, chiffre au-dessus duquel elle s'est toujours maintenue depuis plusieurs années. A une clientèle composée d'éléments si divers l'enseignement classique ne suffisait plus. Dès 1885, M. Roguet avait présenté au Conseil d'Administration un projet d'organisation de l'enseignement secondaire spécial au Collège Rollin. Il donnait ainsi satisfaction au vœu exprimé par un grand nombre de familles du quartier qui recherchaient pour leurs enfants une préparation plus directe pour l'industrie, la banque et le commerce. Cet enseignement, transformé depuis en enseignement moderne, permet aux élèves qui désirent pousser plus loin leurs études d'obtenir un diplôme de bachelier et d'entrer ensuite dans un cours préparatoire aux Grandes Écoles. Un certificat scolaire d'études est délivré, à la fin de la classe de troisième, aux élèves qui en sont jugés dignes à la suite de l'examen de passage en seconde moderne.

Comme dans les Lycées de Paris d'ailleurs, l'enseignement classique continue à préparer les élèves, dans les meilleures conditions possibles, soit aux examens du baccalauréat, soit aux Écoles du Gouvernement. En sortant de la Rhétorique, les élèves entrent en Philosophie ou en Mathématiques Élémentaires. Des conférences spéciales de lettres, de philosophie et d'histoire permettent aux vétérans de Rhétorique de se présenter avec des chances sérieuses de succès à l'École Normale supérieure (section des Lettres) et pour l'obtention des bourses de licence.

La classe de Mathématiques spéciales est organisée tout particulièrement en vue de l'admission à l'École Polytechnique, à l'École Normale supérieure (section des Sciences), à l'École des Mines et à l'École des Ponts et Chaussées. Il existe, en outre, des divisions distinctes pour les aspirants aux Écoles Centrale, de St-Cyr et à l'Institut agronomique. Des conférences et des interrogations, complément indispensable de l'enseignement quotidien, sont données gratuitement aux élèves internes et demi-pensionnaires et, moyennant une rétribution supplémenmentaire, aux externes de toutes les classes de sciences. Elles sont confiées soit aux professeurs mêmes du Collège, soit à des professeurs de choix des Lycées de Paris, soit enfin à des répétiteurs de l'École Polytechnique.

En dehors des langues allemande et anglaise dont l'étude commence normalement dès la classe prépatoire, les élèves du Collège Rollin ont la possibilité de suivre des cours d'espagnol à partir de la classe de troisième. Ces derniers sont facultatifs et ont été placés en dehors du temps des classes afin qu'ils soient accessibles à la fois aux élèves de l'Enseignement classique et à ceux de l'Enseignement moderne. Une tentative pareille avait été faite pour l'enseignement de la langue russe ; elle a dû être abandonnée, les résultats ne répondant pas aux espérances qu'avait provoquées cette création.

Plus favorable a été l'expérience que la Ville de Paris a tentée également dans son Lycée avec l'approbation du Chef de l'Académie. Nous voulons parler du *Cours de Langues anciennes* qui a été institué depuis quelques années au Collège Rollin en vue de permettre aux élèves d'élite sortant des Écoles primaires supérieures d'obtenir le baccalauréat classique en trois ou quatre ans au plus. Le Conseil Municipal a pensé avec raison qu'il était possible d'abréger le temps des études secondaires pour des élèves dont la culture générale se trouve déjà suffisamment développée. Il a voulu, en outre, assurer à tout écolier supérieurement doué les moyens d'acquérir une instruction complète et d'arriver non seulement aux situations que procurent l'industrie et le commerce, mais à toutes celles auxquelles donnent accès les carrières libérales. Les candidats, aptes à suivre le Cours des Langues anciennes et qui n'ont point dépassé l'âge de quinze ans au 1er Janvier de l'année où ils y rentrent, sont régulièrement exonérés des frais d'études.

Si l'État n'envoie pas de boursiers au Collège Municipal Rollin, par contre le nombre des boursiers communaux et départementaux y est plus considérable que dans les autres Lycées. Le Conseil Municipal entretient 136 quarts de bourse d'internat et 50 bourses d'externat ; les premières se trouvent réparties, selon les élèves et les circonstances, en bourses d'internes ou de demi-pensionnaires. De son côté, le Conseil Général entretient 10 demi-bourses d'internat.

Indépendamment des bourses ordinaires, la Ville affecte au Collège Rollin onze bourses spéciales, créées en faveur d'élèves déjà bacheliers et qui se préparent aux grandes Écoles de l'État. On a eu à redouter un instant la suppression de ces bourses de mérite, dont l'origine est très ancienne à Rollin. Mais, outre la faveur si précieuse qu'elles confèrent aux jeunes gens peu aisés qui en sont dotés, il y avait à considérer le lustre qu'elles ont fréquemment donné à l'Établissement et l'émulation qui résulte pour tous les élèves de la présence de quelques sujets distingués dans les classes supérieures. Le Conseil d'Administration s'est heureusement décidé à maintenir un genre de bourses dont l'État avait consacré l'existence dans le décret du 18 Janvier 1881 et qui était en honneur dans les Lycées de Paris.

Toutes les fois que les programmes ont été modifiés, que leur application a nécessité des dépenses nouvelles, la Ville de Paris a consenti aux sacrifices nécessaires et le Conseil Municipal est entré largement dans la voie des réformes que le Ministre et le Conseil Supérieur de l'Instruction publique ont tracée. Y a-t-il lieu dès lors de s'étonner que notre Assemblée Municipale ait tenu à faire appliquer rigoureusement dans son Lycée des instructions ministérielles qui se trouvaient si conformes au sentiment de la majorité de ses Membres sur la neutralité religieuse déjà prescrite dans les autres Écoles publiques de la Capitale? Lorsqu'en 1882, sous le ministère Paul Bert, un décret eut prescrit que, dans les Établissements publics d'enseignement secondaire, le vœu du père de famille serait toujours consulté et suivi en ce qui concerne la participation de ses enfants à l'enseignement et aux exercices religieux, le Conseil d'Administration en surveilla de très près l'exécution au Collège Rollin. S'inspirant de l'esprit même de la circulaire ministérielle qui accompagnait le décret en question, il réclama du Directeur de l'Établissement quelques modifications de détails dans la pratique des prières et une limitation plus stricte du temps consacré aux exercices religieux. La suppression de l'aumônier fut plusieurs fois demandée puisqu'il paraissait possible de conduire les élèves dans les églises, ainsi que cela se pratique dans les Écoles primaires supérieures pourvues d'un internat. Toutefois, après en avoir délibéré dans sa séance de mai 1885, le Conseil reconnaissait « que la situation d'un Établissement secondaire contenant un grand nombre d'internes dont la plupart ont leurs familles loin de Paris n'est pas la même que celle des Écoles de la Ville ; qu'il serait peut-être préjudiciable au bon ordre de conduire un grand nombre d'élèves dans les églises du dehors ; que des prêtres des différents cultes, logés hors du Collège, pourraient venir donner à l'intérieur de l'Établissement l'enseignement religieux, mais à la condition que ce fût aux frais des familles qui demanderaient l'exercice d'un culte pour leurs enfants. » Toutes choses furent réglées ainsi et, depuis cette époque, le respect de la liberté de conscience et la tolérance la plus libérale n'ont cessé de régner au Collège Rollin.

Dès l'année 1879 aussi, conformément à un vote émis par le Conseil Municipal, les sœurs chargées du service de l'infirmerie avaient été remplacées par une infirmière laïque. On améliorait d'ailleurs ce service par l'adjonction d'un interne, élève de la Faculté de médecine et le plus souvent docteur, qui devait assurer et surveiller désormais, avec le concours de l'infirmière, l'exécution des prescriptions du médecin.

Le régime scolaire appliqué dans l'ancienne Ste-Barbe-Rollin n'eut guère à subir d'autres modifications. Dans cette maison, la discipline s'était toujours inspirée du souci de l'éducation morale qu'il convient de donner à de jeunes élèves. La surveillance exercée sur le développement du caractère des enfants et sur leurs habitudes avait eu sans cesse pour objet de prévenir les écarts afin de n'avoir pas à les réprimer. Aussi lorsque, en 1890 (1), les instructions ministérielles de M. Léon Bourgeois apportèrent des modifications souhaitées dans la vie intérieure des Lycées et Collèges, la marche de l'Établissement n'en fut nullement troublée. Depuis longtemps maîtres et élèves étaient faits à ce système de discipline libérale dont elles recommandaient l'emploi; les uns et les autres avaient tou-

---

(1) Ce n'est qu'en 1890 que furent appliquées les réformes proposées par la Commission que M. Rabier, directeur de l'Enseignement secondaire, et M. Gréard, vice-recteur de l'Académie de Paris, avaient fait instituer dès 1888 pour étudier les améliorations à introduire dans les Établissements d'enseignement secondaire.

jours vécu dans cette espèce de confiance mutuelle et de bonne humeur qui est indispensable pour assurer le succès de toute œuvre éducatrice.

On n'a qu'à relire les diverses parties du règlement cité plus avant, sous la direction de M. Defauconpret, pour se convaincre que la plupart des moyens préconisés pour réaliser les nouvelles réformes se trouvaient déjà en usage au Collège Rollin. Bien au courant de ce que l'on exige d'eux sous le rapport de la conduite, de la tenue et du travail, les élèves ont le sentiment de leur responsabilité; ils comprennent d'ailleurs que tous ceux qui les entourent ont à cœur de leur éviter les punitions. Pour eux la note de chaque jour est une vraie sanction et ce n'est que lorsque celle-ci atteint un certain degré qu'elle entraîne des heures de consigne, toujours prononcées par le chef même de la maison. En dehors des récompenses morales qu'apportent à l'écolier les bonnes notes de quinzaine et les paroles d'encouragement qui les accompagnent de la part de ses maîtres, le satisfecit et l'inscription au Tableau d'Honneur ont été constamment usités à Rollin. Les réformes de détail introduites dans le régime des compositions avaient augmenté considérablement le nombre des élèves admis à célébrer la Saint-Charlemagne. Bien que le Banquet des Fonctionnaires, dont cette fête était l'occasion, eût été supprimé dans les Lycées, l'usage s'en est maintenu dans le Collège Municipal. L'Administration a tenu à conserver à ses élèves, comme un moyen puissant d'émulation, le grand honneur de s'asseoir à la même table que leurs maîtres en un jour de fête véritablement familiale.

Parmi les moyens auxiliaires de la discipline qui étaient indiqués par la circulaire ministérielle, figuraient aussi les questions d'hygiène et d'éducation physique. La sous-commission, qui s'est le plus spécialement occupée de ces deux points, s'était prononcée en faveur du dortoir divisé en cellules. Nous avons mentionné plus haut quels avantages les chambres du Collège Rollin offrent aux familles sous le rapport de l'installation confortable de leurs enfants et au point de vue des convenances morales. Un spécimen de ces dortoirs a été placé à côté du plan-relief de l'Établissement, dans le pavillon de la Ville de Paris, à l'Exposition universelle de 1900.

La même sous-commission avait exprimé le vœu que les Directeurs des établissements favorisassent par tous les moyens possibles la renaissance et le développement des jeux, des divertissements et des fêtes littéraires. Il était bien difficile, avec l'exigence des programmes modernes, de revenir aux traditions anciennes, d'obtenir des élèves qu'ils voulussent bien consacrer leurs loisirs, ou même un temps pris à d'autres études, à la préparation d'une scène théâtrale ou à la composition d'une pièce d'un caractère plus ou moins académique. On devait les trouver plus disposés à s'adonner aux exercices physiques et à rechercher dans l'activité du corps un délassement plus réel aux travaux de l'esprit. Les jeux scolaires devinrent vite en faveur au Collège Rollin. Un crédit spécial, accordé chaque année par l'Administration Municipale, permet de pourvoir les écoliers de tout âge des appareils et des objets nécessaires pour leur amusement pendant les récréations. Les plus grands d'entre eux, organisés en association, pratiquent les exercices de sport avec ardeur et se rendent au Bois de Boulogne, les jeudis et dimanches, pour s'entraîner et se préparer aux divers concours de jeux interscolaires. C'est ainsi que, plusieurs fois, le Collège Rollin a pu être classé le premier des Établissements d'Instruction publique de Paris pour l'ensemble des points obtenus par ses élèves dans les épreuves du Lendit, et qu'il a obtenu la Coupe du Président de la République Carnot, la médaille d'honneur collective et la garde du drapeau de la Ligue nationale de l'Éducation physique.

Nous signalerons enfin l'institution récente et particulière à Rollin d'un cours de travaux manuels qui a pour but d'apprendre aux collégiens à se servir des principaux outils de menuiserie. Cet enseignement facultatif est aussi un repos pour eux et une récréation intéressante.

S'il nous est permis d'exprimer un regret, en terminant ce chapitre, c'est de constater, après une longue expérience administrative, combien il est difficile au chef d'une maison trop nombreuse, auquel incombent tant d'obligations diverses, d'étudier et de suivre aussi complètement qu'il le désirerait les enfants et les jeunes gens qui lui sont confiés. A Rollin, du moins, cette insuffisance d'action personnelle se trouve atténuée par la collaboration constante d'un Censeur, ancien Proviseur lui-même, qui porte le titre et exerce les fonctions de Préfet Général des études, et par l'assistance de quatre Préfets d'études, dirigeant chacun l'un des quatre collèges de ce vaste Établissement et rendant quotidiennement compte au Directeur du développement intellectuel et moral des élèves dont ils ont la haute surveillance.

CHAPITRE V

Les anciens élèves du Collège

Les noms célèbres qui se rattachent à l'histoire de Ste-Barbe-Rollin sont très nombreux. A ceux que nous avons déjà cités au cours de ce travail, il convient d'ajouter pour la période la plus lointaine : le célèbre physiologiste FERNEL, le rhéteur Jacques-Louis STREBÉE, le caustique poète latin BUCHANAN, POSTEL qui semble avoir été le premier professeur de Langues orientales au Collège de France, le savant humaniste Nicolas DE GROUCHY, le sévère magistrat Édouard MOLÉ (père du chancelier), le maréchal D'ESTRÉES et le poète J.-B. SANTEUL.

Pour compléter cette liste nous ne pouvons mieux faire que de reproduire deux passages d'une brochure de M. Ch. Tranchant qui, avec un sentiment de pieuse reconnaissance pour la maison où il a été élevé, s'est constamment préoccupé d'en rechercher les gloires. Dans la note préliminaire qu'il a consacrée à une esquisse rapide de l'histoire si complexe du Collège Rollin, M. Tranchant mentionne parmi les élèves qui ont le plus honoré naguère l'établissement : les théologiens Louis HABERT, Ch. VITASSE, RAVECHET ; trois académiciens de renom : Charles LEBEAU, l'auteur de l'*Histoire du Bas-Empire,* l'abbé LE BEUF, l'auteur de l'*Histoire du diocèse de Paris,* et P.-N. BONAMY ; Nicolas PIAT, qui fut le successeur de Rollin dans la chaire d'éloquence latine du Collège de France ; René BINET, le dernier recteur de l'Université de Paris et traducteur d'Horace ; le poète DELILLE, le conventionnel André RÉAL ; Etienne DE MONTGOL-FIER, l'un des deux frères inventeurs des aérostats ; les célèbres médecins et chirurgiens J.-N. HALLÉ, CORVISART, DUFRICHE-DESGENETTES ; les tragédiens LEKAIN et LARIVE ; — vers la limite de l'ancien régime, une vraie légion : l'abbé BORDERIES, l'un des derniers soutiens de la Communauté de Ste-Barbe, depuis évêque de Versailles ; COTTRET, professeur à la Faculté de Théologie de Paris, ensuite évêque de Beauvais ; le savant abbé HALMA ; l'abbé LIAUTARD, le fondateur du Collège Stanislas ; SÉGUIN DES HONS, évêque de Troyes ; l'avocat CHAUVEAU-LAGARDE, qui eut le périlleux honneur de défendre la reine Marie-Antoinette et Charlotte Corday ; BELLART, le brillant et fougueux procureur général de la Cour de Paris sous la Restauration ; M. CHARPIT DE COURVILLE qui, après une honorable carrière judiciaire, a été directeur de l'Instruction publique et membre du Conseil royal sous le même régime; Ch. NICOLLE, recteur de l'Académie de Paris et aussi membre du Conseil royal; Éloi LEMAIRE, doyen de la Faculté des lettres de Paris, professeur au Collège de France, à qui l'on doit l'édition bien connue des *Classiques latins;* le géographe BARBIÉ DU BOCAGE, membre de l'Académie des Inscriptions et Belles-Lettres, professeur à la Faculté des Lettres de Paris; F.-A. DE WAILLY, qui fut, sous le premier Empire, proviseur du Lycée Napoléon (actuellement Lycée Henri IV); CHAMBRY, professeur du Lycée Bonaparte (actuellement Condorcet); le peintre GIRODET-TRIOSON et l'architecte VAUDOYER, membres de l'Académie des Beaux-Arts; enfin BERTIN l'aîné, l'abbé DE FÉLETZ de l'Académie française et DUSSAULT, qui ont laissé tous trois, à des titres divers, un souvenir si considérable dans l'histoire de la presse périodique française.

Appelé, en 1895, par le Comité des anciens élèves de Ste-Barbe-Rollin à présider la réunion annuelle de l'Association, M. Ch. Tranchant profita de l'allocution qu'il avait à prononcer au banquet pour reprendre l'énumération des hommes distingués qui ont été formés au Collège durant les cent dernières années. Il s'exprimait en ces termes :

« Si vous le voulez bien, nous appellerons d'abord l'Institut, qui est comme le résumé des illustrations intellectuelles de la France et où sont représentées toutes ces branches de savoir dont nous avions jadis à étudier modestement les éléments sous la direction des maîtres de notre Collège.

« *Académie française.* — M. Abel VILLEMAIN, secrétaire perpétuel, MM. Désiré NISARD, le comte Charles DE MONTALEMBERT, Victor DURUY, Albert SOREL, votre président de l'an dernier qui vient, il y a quelques heures, de prendre possession de son fauteuil à l'Académie.

« *Académie des Inscriptions et Belles-Lettres.* — M. Félix RAVAISSON-MOLLIEN, qui a préludé aux succès de sa carrière par de brillants succès de collège, MM. CAUSSIN DE PERCEVAL, Natalis DE WAILLY, V. DURUY, Ch. ALEXANDRE, Ernest BEULÉ, Gaston PARIS (1), le comte Robert DE LASTEYRIE.

« *Académie des Sciences.* — M. DE SÉNARMONT, les deux SAINTE-CLAIRE DEVILLE, Charles et Henri, le premier, collaborateur de l'illustre Élie DE BEAUMONT, le second, célèbre par ses travaux sur l'aluminium; M. BOULEY, M. PUISEUX.

« *Académie des Beaux-Arts.* — Le comte DE NIEU-WERKERQUE, M. Ernest BEULÉ, secrétaire perpétuel, M. Anatole GRUYER, M. Gustave MOREAU.

« *Académie des sciences morales et politiques.* —

---

(1) M. Gaston Paris, aujourd'hui administrateur du Collège de France, a été élu membre de l'Académie Française quelques mois après le toast gracieux que lui portait à cette intention son camarade Jacques Normand dans le banquet annuel de l'Association dont il avait accepté la présidence. (*Voir à l'Appendice.*)

MM. Auguste VIVIEN, Félix RAVAISSON, Victor DURUY, Augustin COCHIN, Albert SOREL.

« A l'*Académie de Médecine,* qu'il faut citer après l'Institut, nous avons eu trois membres de grande notoriété, M. le Dr Henri ROGER et M. le Dr Eugène MOUTARD-MARTIN, présidents de l'Académie, M. HENRI BOULEY.

« Au *Parlement* les noms abondent :

« A la Chambre des Pairs, le duc Auguste DE ROHAN, MM. Ab. VILLEMAIN, le comte Charles DE MONTALEMBERT, Pèdre LA CAZE, le comte d'ABO-VILLE, le comte GERMAIN.

« Aux *Assemblées nationales*, au *Sénat,* à la *Chambre des Députés*, toute une pléiade, que je ne pourrais épuiser sans fatiguer votre attention et dans laquelle je citerai, avec M. de Montalembert, que nous retrouvons : M. VIVIEN, le comte DE MELUN et son frère le vicomte Armand DE MELUN, l'éminent philanthrope chrétien, M. Octave LE PELLETIER D'AULNAY, le comte DE SARTIGES, MM. DE COMBA-REL DE LEYVAL, Alfred NETTEMENT, Désiré NI-SARD, le comte WELLES DE LA VALETTE, Ed. GIROD (de l'Ain), Louis FRÉMY, Mac Donald duc DE TA-RENTE, Em. GAUDIN, Albert LACROIX SAINT-PIERRE, V. DURUY, Ém. VILLEMAIN, le comte DE CHAM-BRUN, le comte Joachim MURAT, le marquis DE TALHOUET, le baron DE FLAGHAC, Ernest BEULÉ, Paul DE RÉMUSAT, Henri FOURNIER, le vicomte D'ABOVILLE, Alb. DELACOUR, Louis LA CAZE, Ernest PICARD, Jules et Georges BRAME, Aug. et Ch. BALSAN, Léonce HÉLY D'OISSEL, le baron René ESCHASSÉRIAUX, le comte DE LANJUINAIS, Jules MERLET, le comte Robert DE LASTEYRIE, le baron GÉRARD, Roger FIRINO.

« Passant aux grands services publics et les abordant par les sommets, nous trouvons dans nos rangs huit *Ministres* : MM. VILLEMAIN et VIVIEN, sous le règne de Louis-Philippe et sous la 2e République; — MM. DURUY, DE TALHOUET, le baron BRENIER, sous le second Empire; — depuis, MM. Ernest PICARD, BEULÉ, le général DU BARAIL. Il faut ajouter, en nous transportant dans de lointains parages, le prince Georges STIRBEY, qui a été Ministre des Affaires étrangères dans la Roumanie, son pays.

« Immédiatement après les Ministres, je dois donner un souvenir aux fonctionnaires qui, dans les conditions diverses de hiérarchie, leur prétent un concours sans lequel ils n'auraient qu'un vain titre, depuis les grands Directeurs jusqu'à des collaborateurs qui, dans un rang modeste, n'en ont pas moins souvent un rôle d'une véritable importance. Ici on peut rappeler les noms de MM. le comte DE NIEUWERKERQUE, surintendant des Beaux-Arts; Louis FRÉMY, directeur de l'administration intérieure; TOURNUS, directeur général de l'Enregistrement et des Domaines; Auguste CHOPPIN D'ARNOUVILLE, secrétaire général du Ministère de la Justice; Ch. ZÉVORT, directeur de l'Enseignement secondaire; Charles THOMAS, payeur central du Trésor; MOREAU DE CHAMPLIEUX, administrateur des douanes; Édouard BÉCHET, administrateur des Postes; DE NOUE et DE MUIZON, chefs de division au Ministère des Travaux publics; BELLAGUET, chef de division au Ministère de l'Instruction publique; Eugène DES CHAPELLES, Ém. CARRON, Paul DEFAUCONPRET, GOUPIL DE PRÉFELN, Émile DESFONTAINES, LARMANDE, COURAYE DU PARC, Charles DE BAUDREUIL, chargés de services divers aux Ministères des Beaux-Arts, de l'Intérieur et des Finances.

« *Conseil d'État.* — Président : M. VIVIEN; — président de section, M. Léon CORNUDET; Conseillers d'État, MM. Ab. et Ém. VILLEMAIN les deux frères, HERMAN, Louis FRÉMY, le comte Ach. TREILHARD, Ém. GAUDIN, FLANDIN, le baron BRENIER, Eugène MARBEAU, CHOPPIN D'ARNOUVILLE, Henri CHAUCHAT, Léonce HÉLY D'OISSEL, Ch. ZÉVORT; — Maîtres des requêtes et auditeurs : MM. Félix TRIPIER, le comte D'ABOVILLE, Anat. O'DONNELL, Alph. DE LORME, Edm. TAIGNY, Ém. BRINCARD, Vict. MAGE, Alf. BÓULAY DE LA MEURTHE.

« *Cour des Comptes.* — MM. Auguste DU SOMMERARD, Anatole O'DONNELL, BRIATTE, FÉRY D'ESCLANDS, DE LATENA, Charles BOULAND, Ferdinand CHAUCHAT, Édouard TASSIN DE VILLIERS, les quatre premiers Conseillers maîtres, les autres Conseillers référendaires.

« *Corps diplomatique.* — Le comte BRESSON, le

comte DE SARTIGES, le duc D'HARCOURT et le comte Bernard D'HARCOURT, le comte DE RAYNEVAL, le général FLEURY, le baron BRENIER, M. Henri FOURNIER, le baron Alphonse DE COURCEL, ambassadeurs; le duc DE GUICHE, MM. Ém. GAUDIN, DE FRÉZALS, Jules DE SAULX, Charles GAVARD, DE BERTHEMY, le comte Ern. ARMAND, le vicomte TREILHARD, Jules THIRION DE MONTAUBAN, le comte Jules DE CANCLAUX, Charles DE VIENNE, ministres plénipotentiaires.

« *Magistrature*. — MM. LASCOUX et DE KERBERTIN, conseillers à la Cour de cassation; VIVIEN, procureur général, et POIREL, président de Chambre à la Cour d'Amiens; DU PAYRAT, DE FARGES, Alfred LEVESQUE, DE MIANVILLE, Édouard MULLE, conseillers à la Cour de Paris; Henri FOURCHY, CHOPPIN D'ARNOUVILLE, avocats généraux à la même Cour; LAISNÉ, conseiller à la Cour de Rennes; Léon DES ÉTANGS, à la Cour de Douai, DUPLESSIS, à celle de Caen; LUCY-SÉDILLOT, président du Tribunal de commerce de la Seine; DELAHAYE et ROBERT, juges au Tribunal civil de la Seine.

« *Barreau*. — Pour ne citer au milieu de nombreux noms que les plus en évidence, M. Jules NICOLET, M. Ch. MARTINI, ancien bâtonnier, les deux MM. DEVIN Georges et Léon (1), avocats l'un au Conseil

---

(1) M. Georges Devin a été président de son Ordre; — M. Léon Devin est actuellement le sympathique bâtonnier de l'Ordre des avocats de Paris.

d'Etat et à la Cour de Cassation, l'autre à la Cour d'appel de Paris.

« Après la magistrature et le barreau viennent naturellement les officiers publics et ministériels. Parmi les *notaires,* nous avons des noms réputés : CHAPELLIER, THION DE LA CHAUME, AUMONT-THIÉVILLE, POTIER DE LA BERTHELIÈRE, Émile FOURCHY, PÉAN DE SAINT-GILLES, LAMY, LEGAY, FONTANA. Il y aurait aussi des noms à relever parmi les *avoués :* j'ai eu moins de facilité pour mes recherches à cet égard, mais la corporation est représentée ici par l'un de ses vétérans, M. Georges DUSART.

« Dans l'*Administration active,* rappelons plusieurs préfets : Anatole DE LA FORGE, l'héroïque défenseur de Saint-Quentin ; MM. Augustin COCHIN, le comte Ch. SÉRURIER, SOHIER, le baron D'IDEVILLE, DE VAUFRELAND, Jules MERLET ; — dans des *Services administratifs divers,* MM. Alb. GRODET, gouverneur du Soudan français, ancien gouverneur de la Martinique ; LE BLANT, inspecteur général des finances, LE CHATELLIER, des mines ; Ad. MILLE, Alf. PLOCK, inspecteurs généraux des ponts et chaussées ; VIEILLARD DE BOISMARTIN, inspecteur général des établissements de bienfaisance ; COLLIN DE LA PERRIÈRE, Oct. THOMAS, Jules RIHAUD, HADOT, PANCKOUCKE, DE SOULTRAIT, ADAM, trésoriers-payeurs généraux ; Ch. BACOT, Ch. FOUQUET, receveurs particuliers des finances ; Alf. PELLETIER, directeur, Ernest DUSART et Paul BUFFET, chefs de

division à la Préfecture de la Seine ; Ed. du Sommerard, directeur du Musée de Cluny ; Marié-
Davy, directeur de l'Observatoire de Montsouris ;
E. Javal, directeur de l'Institution nationale des
sourds-muets de Paris.

« Dans l'*Enseignement public,* nommons MM. Dé-
siré Nisard, Ch. Zévort, membres du Conseil supérieur de l'Instruction publique ; Ravaisson, Duruy,
Ch. Alexandre, Faurie, Alfred Magin, inspecteurs généraux ; Augustin Fleury, Jules Girard,
recteurs ; Aug. Nisard et Privat-Deschanel,
inspecteurs de l'Académie de Paris ; Ab. Villemain,
Caussin de Perceval, Hector Lemaire, Édouard
Bonnier, Gaffarel, Riquier, Alph. Boistel,
Albert Vaugeois, Denonvilliers, Beaudoin, Louis
Joly, Puiseux, professeurs de Facultés ou du
Collège de France ; de Sénarmont, directeur de
l'École nationale d'administration ; Daveluy, direc-
teur de l'École d'Athènes ; Em. Verdet et Bouty,
maîtres de Conférences à l'École normale supé-
rieure ; — à notre Collège même, MM. Etienne-
Gallois et Wilhelm Rinn, qui ont été ses histo-
riens, MM. Magin, J.-M. Boistel, Fleutelot,
Paul Jolly, Maurice Girard, Félix Defauconpret,
Arthur Bary.

« Dans la *philosophie, les sciences, la littérature,
l'histoire,* nous pouvons citer avec les écrivains qui
ont eu l'honneur d'arriver à l'Institut : le duc de
Caraman, Privat-Deschanel, Magin, Ch. Zévort,

le vicomte DE MELUN, Alfred NETTEMENT, dont la fille a terminé d'une main vaillante l'œuvre capitale, Henri BLAZE DE BURY, Félix BOURQUELOT, Anatole DE LA FORGE, Fr. NETTEMENT, Alf. BOULAY DE LA MEURTHE, nos poètes Gustave NADAUD, Arm. RENAUD, Jacques NORMAND, LARMANDE, des journalistes distingués comme Louis PERRÉE, Xavier RAYMOND, Louis DE CORMENIN, Henri DE PÈNE, Alf. LAUNOY, des auteurs dramatiques comme Adolphe DUMAS. J'ajouterai, si vous le permettez, à ce paragraphe, le nom de mon frère Alf. TRANCHANT, qui y a légitimement sa place.

« Dans les *Arts,* nous avons des peintres : Tony ROBERT-FLEURY qui a continué avec éclat la réputation de son père ; Gust. MOREAU, Adolphe d'ALLEMAGNE, HAMO ; des sculpteurs, des architectes, l'auteur de la statue célèbre de Guillaume le Taciturne, le comte DE NIEUWERKERQUE, Anatole GRUYER ; enfin, dans une autre branche des arts, Gustave NADAUD qui composait pour ses chansons des airs bien simples, mais admirablement adaptés à ses charmantes compositions, notre ami Auguste DURAND, qui ne se borne pas à éditer avec succès de la musique, mais sait en composer avec talent, et a été autrefois un des organistes en renom de Paris.

« Dans les *carrières financières, industrielles et commerciales,* les anciens élèves du Collège Rollin ont su conquérir de très hautes situations. Nous trouvons, pour les établissement financiers,

MM. AKERMANN, PERCHERON, Rod. HOTTINGUER, Ch. BALSAN, régents et Léop. RENOUARD, sous-gouverneur de la Banque de France; FRÉMY, gouverneur du Crédit Foncier de France; — pour les services de transport, tout un brillant état-major; M. Alb. LACROIX-SAINT-PIERRE, président de la Compagnie du chemin de fer d'Orléans, de la Compagnie des Messageries nationales et de la Compagnie des Messageries maritimes; M. le baron Alphonse DE COURCEL, président de la Compagnie du chemin de fer d'Orléans, M. Augustin COCHIN, administrateur de la même Compagnie et initiateur des institutions si importantes créées en faveur de son personnel; MM. Léon CORNUDET, vice-président de la Compagnie du chemin de fer de Paris à Lyon et à la Méditerranée, Edouard DELESSERT, vice-président, et DESBRIÈRE, administrateur des chemins de fer de l'Ouest; Joseph HOTTINGUER, administrateur du chemin de fer du Nord, Rodolphe HOTTINGUER, administrateur du chemin de fer de la Méditerranée; Louis LA CAZE, administrateur des chemins de fer de l'Algérie, Alfred MUSNIER, administrateur des Messageries nationales et des Messageries maritimes; Gustave REVENAZ, administrateur des Messageries nationales; Octave VÉSIGNÉ, administrateur des Messageries maritimes; BANDERALI, ingénieur du matériel et de la traction au chemin de fer du Nord; — dans des sphères différentes: M. Albert JOUET-PASTRÉ, président de la grande Société de constructions maritimes « Les Forges et Chantiers de la Méditerranée » ; M. Rodolphe HOTTINGUER, que je dois nommer à nouveau comme administrateur de la Compagnie d'assurances *La Nationale ;* M. Henry MARBEAU, administrateur de la Société des Houillères de Rive-de-Gier et de la Société *le Nickel ;* M. Albert GEOFFROY-SAINT-HILAIRE, directeur du Jardin d'Acclimatation de Paris, les deux frères LEBAUDY, Gustave et Jules, qui ont conduit avec le succès que vous savez d'importants établissements de raffinerie ; enfin, pour passer à des travaux qui sont les auxiliaires et les instruments immédiats de toutes les études matérielles et intellectuelles, rappelons des camarades qui, héritiers de noms haut placés dans les souvenirs de l'imprimerie et de la librairie, ont su dignement les porter : Alfred FIRMIN-DIDOT, Henry et Paul DELALAIN, Georges HACHETTE, Em. BAILLIÈRE, à côté de qui il faut inscrire le nom de Ch. LAHURE.

« C'est à ce paragraphe, dans lequel j'ai parlé de deux grands établissements financiers du pays, que je rattacherai des agents de change bien connus sortis de nos rangs : MM. Ern. DREUX, CRÉPON, GUÉRINET, BÉRENGER, ROBLOT, BÉJOT, Louis ROLLAND-GOSSELIN, Gust. GIROD, EGGLY.

« J'ai laissé en dehors de mon tableau deux carrières qui pourtant sont particulièrement honorées et qui, très différentes, on peut dire aux antipodes l'une de l'autre, se rapprochent en ce point qu'elles représentent toutes deux à un haut degré l'idée touchante du sacrifice, *la carrière ecclésiastique, la carrière militaire.*

« Nous avons eu dans le clergé des représentants très distingués et à leur tête le cardinal duc DE ROHAN, archevêque d'Auch, puis de Besançon, qui, avant l'événement tragique auquel il dut sa vocation, avait été un brillant officier de mousquetaires.

« Dans l'armée, beaucoup de noms seraient à dire, mais je dois me borner aux sommités : les généraux DU BARAIL, FLEURY, RIBOURT, DE MONTLUISANT, BOCHER, DE COURCY, le général prince DE BAUFFREMONT, le général duc DE LESPARRE, le général duc D'ELCHINGEN, le général comte DE MONTAIGU, le général comte DE DAMPIERRE, le général marquis D'ESPEUILLE, le général comte DE LA SALLE, l'Intendant militaire Em. VILLEMAIN, l'amiral HULOT D'OSERY, les colonels BÉNÉZECH, Ch. OUDINOT DE REGGIO, DE VASSART, DE BERTHOIS, HUDELIST, O'CONNOR, Léop. NIEL, MIOT, MEYNIER, DE MORNAY-SOULT ; au dehors, le prince Georges STIRBEY, colonel d'infanterie, puis commandant en chef des milices dans l'armée valaque. »

Parmi les anciens élèves connus aujourd'hui à divers titres, nous citerons encore : M. Ch. TRANCHANT, ancien Conseiller d'État, qui occupe assurément l'un des premiers rangs parmi les camarades illustres auxquels lui-même donne une place d'honneur dans son tableau ; M. FOURNIER-SARLO-VÈZE, ancien Préfet ; M. LOUVRIER DE LAJOLAIS, Directeur de l'École nationale des Arts décoratifs ; MM. VIEILLE, Directeur du Laboratoire central des poudres et salpêtres, et Henri TAUPIN, chef du contentieux, au Ministère de la Guerre ; M. PAVI-LIER, Directeur général des travaux publics à Tunis ; l'éminent chartiste, Emile CAMPARDON ; et M. TEM-PLIER, l'un des principaux administrateurs de la Maison Hachette.

Nous nommerons enfin quelques hommes dont la carrière honore également le Collège où ils ont été élevés. Ce sont :

Dans la diplomatie, MM. DE BEYENS, René LE-COMTE, prince GHIKA ;

Dans la magistrature, MM. CALARY, Conseiller à la Cour de Cassation, H. LAISNÉ et Henry LEFUEL, Conseillers à la Cour d'Appel ;

Dans le corps des Ingénieurs, MM. Raoul BRI-CARD, DENAYROUSE, JAVARY, LOISELEUR, MACAIGNE, MONMERQUÉ, DE VASSART D'HOZIER ;

Dans l'armée, M. le Contrôleur général MAUCLER, MM. les Colonels Emile CORBIN, COURBEBAISSE, FONTENILLIAT, Raymond HENRY, DU PONTAVICE DU HOUSSEY, MM. les L^ts-Colonels GODARD, PARET, Cte DE SAINT-GEORGE, M. le Commandant PLÉ, chef de la mission chargée de délimiter les possessions françaises et allemandes au Congo ;

Dans l'Université, MM. COUTURIER et E. PETIT,

Inspecteurs généraux de l'Instruction publique;
MM. Bos, Gautier, Leune et Dubuc, Inspecteurs
d'Académie; MM. les Professeurs de Faculté Beau-
douin, Bouglé, Dalimier, Foussereau, Goblot,
Lemaire, Marion-Corard et Thomas, et ceux de
leurs collègues qui, restés dans l'Enseignement
secondaire, sont devenus titulaires d'une chaire dans
l'un des Lycées de Paris, MM. Bernage, Bernès,
Bouant, Brisset, Drincourt, Edet, Lacour-
Gayet, Marchal, Pein, Léonce Person, Pomey,
Ch. Rinn, Rocherolles, Sarraz et Strehly;

Dans les Beaux-Arts, les peintres Duez, Manet,
Popelin, Réalier-Dumas.

Dans cette longue nomenclature il y a certai-
nement des lacunes et nous n'avons pas la pré-
tention d'avoir pu noter au passage tous les sujets
distingués qui mériteraient d'être cités. Si quelque
nom important a été omis, nous nous en excusons
ici et nous déclarons que cet oubli aurait été de
notre part tout à fait involontaire.

Nous ajouterons, en terminant, que lorsqu'une
maison compte dans son passé autant d'hommes
remarquables on peut être justement fier de lui
appartenir à un titre quelconque. Tel est le sentiment qu'éprouve celui qui écrit ces lignes et dont
la suprême ambition aura été de consacrer les
quinze dernières années de sa carrière à la direction
du Collège Rollin.

APPENDICE

CONSEIL D'ADMINISTRATION

DU COLLÈGE MUNICIPAL ROLLIN

MM. HATTAT, ✳, membre du Conseil municipal, *Président.*

STUPUY, ancien membre du Conseil municipal, *Secrétaire.*

BLONDEL, membre du Conseil municipal.

CORNET, ✳, membre du Conseil municipal.

LEGRANDAIS, membre du Conseil municipal.

LUCIPIA, président du Conseil municipal.

Louis MILL, membre du Conseil municipal.

Félicien PARIS, membre du Conseil municipal.

STRAUSS, sénateur, ancien membre du Conseil municipal.

MAX VINCENT, membre du Conseil municipal.

VIGUIER, membre du Conseil municipal.

ROUSSELOT, ✳, I. ◐, directeur du Collège.

TEXTE DE LA TABLE COMMÉMORATIVE PLACÉE DANS LA CHAPELLE DU COLLÈGE ROLLIN

A LA MÉMOIRE
DES ÉLÈVES DU COLLÈGE
SAINTE-BARBE-ROLLIN
MORTS POUR LA PATRIE
EN 1870-1871

ARNOULD (Albert), sous-lieutenant au 13ᵉ de ligne.

CHEVALIER (Philippe), lieutenant au 11ᵉ régiment d'artillerie.

COCHETEUX (Alfred-Jules), lieutenant aux gardes mobiles du Nord.

DE FROMONT (René), sous-lieutenant au 121ᵉ de ligne.

GILLANT, chef de bataillon au 126ᵉ de ligne.

JANNIN, lieutenant-colonel de la garde nationale de Paris.

LACOUR (Raoul), avocat, engagé au 4ᵉ zouaves.

LENQUETIN, lieutenant au 4ᵉ bataillon des gardes mobiles de la Seine.

LEMONNIER (Georges), lieutenant d'artillerie.

MANGIN (Ernest), avocat, engagé au 13ᵉ chasseurs à pied.

MÉNIÈRE (Alexandre), sergent au 2ᵉ zouaves.

DE MOUILLEBERT (Louis), capitaine aux gardes mobiles de la Vendée.

RICHARD (Paul), avocat, lieutenant aux gardes mobiles de Seine-et-Oise.

RIGAUD (Edgar), lieutenant aux gardes mobiles de Maine-et-Loire.

SOLENGE (Anatole), lieutenant au 5ᵉ de ligne.

TERNYNCK (Léon-Aimé), lieutenant aux gardes mobiles de l'Aisne.

POTHERAT DE THOU (Gustave), lieutenant de chasseurs à pied.

VASSART (baron de) (Ambroise), colonel au 17ᵉ régiment d'artillerie.

Vicomte DE BRIGODE-KEMLANDT (Hyacinthe), capitaine des gardes mobiles du Nord.

GILLIOT (Alexandre), lieutenant au 20ᵉ régiment d'artillerie.

LAVENUE, capitaine au 8ᵉ d'artillerie.

DAUDIGNAC (René), lieutenant d'artillerie de marine.

L'ASSOCIATION AMICALE
DES ANCIENS ÉLÈVES
MDCCCLXXII

ASSOCIATION AMICALE

DES

ANCIENS ÉLÈVES DU COLLÈGE Ste-BARBE-ROLLIN

Reconnue d'utilité publique par décret du 3 octobre 1867

—

STATUTS

—

TITRE 1er

Objet de l'Association

ARTICLE PREMIER

L'Association amicale qui a été formée en 1847, sous la présidence de M. Defauconpret, continuera d'exister entre ceux des anciens élèves de la Maison *Ste-Barbe (Parmentier-Nicolle)* et du *Collège Rollin* qui adhéreront aux présents statuts et dont le Comité aura reçu la souscription.

Le minimum de la souscription est fixé à *cinq francs.*

Celui qui a versé une somme de *cent francs* en une ou plusieurs fois, reçoit du Comité le titre de Membre Fondateur.

ARTICLE 2

Le but de l'Association est d'établir entre les anciens élèves un centre commun de relations amicales, de donner, en cas de besoin, aide et protection aux anciens camarades, aux anciens fonctionnaires du Collège, à leurs veuves et à leurs enfants, et d'exercer un patronage sur les élèves qui ont besoin d'appui au début dans leur carrière.

Elle peut fonder au Collège Rollin des bourses et des prix annuels.

ARTICLE 3

L'Association a son siège au Collège Rollin; elle con-servera le nom d'*Association amicale des anciens élèves de S*^{te}*-Barbe-Rollin*.

TITRE II

Administration

ARTICLE 4

L'Association est dirigée par un Comité d'adminis-tration composé de vingt membres, qui seront nommés en Assemblée générale à la majorité des voix.

Nul ne peut faire partie du Comité s'il n'est membre de l'Association, sauf le Directeur en exercice du Collège Rollin, qui en fait partie de droit avec voix délibérative.

ARTICLE 5

Les membres du Comité sont renouvelés tous les ans par cinquième. Le sort désigne ceux qui doivent sortir à la fin des quatre premières années, ensuite ils sortiront par ancienneté de nomination.

Les membres sortants ne pourront être réélus qu'après un intervalle d'une année, à l'exception du Président, du Secrétaire et du Trésorier, qui seront toujours rééligibles.

ARTICLE 6

Le Comité nomme lui-même, au scrutin secret et à la majorité absolue, un Président, un Secrétaire et un Trésorier, qui composent le Bureau.

ARTICLE 7

Le Comité est convoqué par le Président, et, à défaut, par le Secrétaire; il se réunit au moins deux fois par an.

La présence de sept membres au moins est nécessaire pour la validité de ses délibérations. En cas de partage la voix du Président est prépondérante.

ARTICLE 8

Le Comité a les pouvoirs les plus étendus pour gérer et administrer l'Association, faire, dans les conditions de l'article 14, tous les placements de fonds et les modifier, accorder les secours qui seraient demandés, et faire, en un mot, tout ce qui lui paraîtra utile, dans l'intérêt de l'Association.

Néanmoins il ne peut jamais, sans l'autorisation spéciale de l'Assemblée générale, dépenser annuellement plus que les ressources annuelles de l'Association.

Les délibérations relatives à des acquisitions, aliénations ou échanges d'immeubles et à l'acceptation des dons et legs, sont soumises à l'approbation préalable du Gouvernement.

ARTICLE 9

Il peut établir des correspondants chargés de recueillir

les cotisations partout où il le jugerait utile, et constituer des mandataires avec des pouvoirs spéciaux.

ARTICLE 10

Chaque année il y a une Assemblée générale des membres de l'Association.

Dans cette séance il est rendu compte :

1º Par le Président, des opérations de l'année;

2º Par le Trésorier, de la situation financière.

Il est, en outre, procédé au renouvellement partiel du. Comité, sur les présentations faites par ce Comité.

ARTICLE 11

L'Assemblée générale est précédée d'un Banquet organisé par les soins du Comité. Le Comité en offre chaque année la Présidence d'honneur à l'un des membres de l'Association.

ARTICLE 12

Le compte rendu de l'Assemblée générale est imprimé chaque année et adressé au Ministre de l'Instruction publique, au Préfet de la Seine et aux membres de l'As-sociation.

TITRE III

Ressources de l'Association

ARTICLE 13

Les ressources de l'Association se composent :

1º Des sommes et valeurs qui appartiennent déjà à l'Association;

2º Du montant des souscriptions annuelles;

3º Des dons et legs que l'Association peut être auto·risée à recevoir.

ARTICLE 14

Les fonds libres sont déposés, jusqu'à leur emploi défi-nitif, dans une Caisse publique ou dans un Établissement financier dont le Gouverneur, le Directeur ou le Prési-dent du Conseil d'administration est nommé par le Gou-vernement.

Les excédents de recettes, qui ne sont pas nécessaires aux besoins de l'Association, sont placés en Rentes sur l'État ou en Obligations de chemins de fer français.

TITRE IV

Règlement. — Modifications aux Statuts

ARTICLE 15

Un Règlement intérieur détermine les conditions d'ad-ministration, les fonctions du Président, du Secrétaire et du Trésorier, le mode de distribution des secours, et toutes les dispositions propres à assurer l'exécution des Statuts. Ce règlement est fait par le Comité, qui peut tou-jours le modifier.

ARTICLE 16

Les présents Statuts ne pourront être modifiés que par une délibération de l'Assemblée générale, sur la proposi-tion du Comité.

COMITÉ DE L'ASSOCIATION AMICALE

DES

ANCIENS ÉLÈVES DE Sᵗᵉ-BARBE-ROLLIN

———

MM. Musnier (Alfred), administrateur des Messageries nationales et des Messageries maritimes, 164, rue du Faubourg-Saint-Honoré, *Président.*

Chauchat (Ferdinand), conseiller référendaire à la Cour des comptes, 20, rue de la Boétie ;
Castaignet (Georges), avoué honoraire, 87, rue des Petits-Champs, } *Vice-Présidents.*

Defauconpret (Paul), ancien chef de bureau au Ministère des finances, 40, boulevard des Invalides, *Secrétaire.*

Rousselot, directeur du collège Rollin, *Trésorier.*

Corpet (Charles), 5 *bis*, rue de Dunkerque.

Dubois de la Vigerie (docteur), 56, rue de la Victoire.

Durand (Auguste), éditeur de musique, 19, avenue de l'Alma.

Lecomte (Lucien), avocat à la Cour d'appel, 4, rue du Général-Foy.

MM. Chauveau, météorologiste adjoint au Bureau central, 51, rue de Lille.

Labaste, étudiant à la Sorbonne, 24, rue Durantin.

Badois (Louis), élève de l'Ecole centrale, 12, rue Blanche.

Devin (Léon), bâtonnier de l'Ordre des avocats, 17, rue de la Bienfaisance.

Fouquet (Charles), 45, rue de Rome.

Hubaine (Lucien), élève de l'Ecole des Beaux-Arts, 135, boulevard Magenta.

des Chapelles (baron Eugène), chef de bureau au Ministère de l'Instruction publique et des Beaux-Arts, 29, rue de Miromesnil.

Filhos (Léon), 166, rue du Faubourg-Saint-Honoré.

Fontana (Henri), notaire, 19, rue Royale.

Rocher (Georges), avocat à la Cour d'appel, 80, rue Taitbout.

Rousselot (Raymond), élève de l'Ecole des Beaux-Arts, 12, avenue Trudaine.

Tassin de Villiers (Edouard), greffier en chef de la Cour des comptes, 10, rue Garancière.

PRIX DE FONDATION AU COLLÈGE ROLLIN

Prix de l'Association amicale des anciens Élèves

Par application de l'article 2 de ses statuts, l'Association amicale des anciens élèves de Ste-Barbe Rollin a fondé, en 1868, un prix consistant en un ouvrage et une médaille d'argent. Ce prix est donné, chaque année, à l'élection, par l'Administration, les professeurs, les répétiteurs et les élèves des classes supérieures jusqu'à la rhétorique inclusivement, à l'élève de mathématiques spéciales, de mathématiques élémentaires, de philosophie ou de première moderne, qui, ayant passé au moins cinq années comme interne dans le collège, s'est distingué par sa conduite, son travail et ses succès.

Prix Tingry-Lehuby

Le Conseil municipal de la Ville de Paris, par délibération approuvée par le Préfet de la Seine, le 5 juin 1875, a accepté au nom de la Ville la donation faite par acte notarié dont suit un extrait :

« M. Tingry-Lehuby, architecte, chevalier de la Légion d'honneur, et Mme Tingry-Lehuby, ayant eu l'affreux malheur de perdre leurs deux seuls enfants, anciens élèves du Collège Rollin, dont l'un, Just, est décédé à l'âge de seize ans, le 17 septembre 1871, après avoir terminé la classe de troisième, et l'autre, Gaston, à l'âge de vingt ans, le 9 mars 1875, après avoir fait brillamment toutes ses études, y compris la classe de mathématiques spéciales, et avoir été reçu un des premiers à l'École des Mines, a succombé pendant son volontariat d'un an, voulant perpétuer la mémoire de leurs deux fils, morts prématurément, et en reconnaissance des soins de toute espèce dont ils ont été entourés quand ils étaient au Collège Rollin, ont voulu fonder deux prix annuels et perpétuels consistant chacun en une médaille d'argent et en ouvrages classiques : le premier, pour l'élève de mathématiques spéciales qui aura été classé le premier par l'ensemble des moyennes obtenues dans tout le cours de l'année scolaire ; le second, pour l'élève de troisième qui aura été classé le premier dans le cours de dessin d'imitation, pour l'ensemble des places obtenues dans l'année scolaire. »

Prix Franck de Préaumont

Par délibération, en date du 2 juin 1886, approuvée par le Préfet de la Seine, le 28 juin 1886, le Conseil Municipal de la Ville de Paris a accepté la donation faite par acte notarié dont suit un extrait :

« En mémoire de son fils Edmond, M. Franck de Préaumont, ingénieur civil, a fait donation à la Ville de Paris d'un titre de 200 francs de rente 3 p. 100 sur l'État français pour les arrérages être employés à former un prix annuel de 200 francs qui sera décerné à l'un des élèves du Collège Rollin suivant les cours de mathématiques spéciales, pour se préparer à l'École Polytechnique ou à l'École Normale supérieure, cet élève devant être désigné au scrutin secret et à la majorité des voix par tous les élèves suivant ledit cours, le 2 juin de chaque année...

« Le Directeur du Collège Rollin remettra ce prix à l'élève désigné, avant son départ en vacances, soit en espèces, soit en ouvrages de mathématiques, physique ou chimie, au choix de cet élève. »

Prix Bonpieyre de Brou

Par décret, en date du 25 avril 1863, l'Administration du Collège Rollin a été autorisée à accepter la donation faite par acte notarié dont suit un extrait :

« Ayant eu le malheur de perdre son fils unique, élève de Rhétorique au Collège Rollin, mort à dix-huit ans, des suites d'une chute de cheval, à Biarritz, et voulant, dans son immense douleur, perpétuer la mémoire de ce fils chéri au Collège Rollin, où, pendant dix années, il s'est fait remarquer par sa bonne conduite, par ses succès et son application constamment soutenus, et témoigner sa reconnaissance pour les soins éclairés dont il a été l'objet, tant de la part de M. Defauconpret, son directeur, que de ses professeurs, Mme Bonpieyre de Brou a désiré fonder à perpétuité un prix consistant en ouvrages classiques, ainsi qu'en une médaille qui portera le nom de Jules Bonpieyre de Brou, en faveur de l'élève de Rhétorique qui aura obtenu les meilleures places dans la classe sur l'ensemble des compositions, depuis la rentrée jusqu'aux compositions de prix exclusivement. »

Prix Schwob

Ce prix a été fondé par M. et Mme Schwob en mémoire de leur fils Lucien et en faveur de l'élève qui aura obtenu dans la classe de Cinquième classique B les meilleures places en histoire et géographie. Il consiste en un ouvrage pour l'acquisition duquel donation a été faite à la Ville de Paris d'un titre de rente de 20 francs sur l'État français, sous la réserve que le Collège Rollin, établissement d'enseignement secondaire, sera seul bénéficiaire de cette donation.

TOAST

*porté à M. Gaston Paris, en 1896, dans le Banquet
de l'Association des anciens Élèves dont il avait
accepté la présidence.*

Par notre cher Rollin, par l'École des Chartes,
Je te suis, ô Paris, doublement Labadens :
Et c'est pourquoi je veux, en quelques vers *badins,*
Te décocher ce toast avant que tu ne partes...
Ainsi faisaient jadis ces vieux gredins de Parthes !

Mon discours n'aura rien des traités de Descartes.
Il sera bref.
                Je bois, ô maître très aimé,
Du fond de mon cœur, à ton élection prochaine
En un certain palais, endroit fort estimé,
Voisin du Pont des Arts, sur les bords de la Seine...
Je n'en dirai pas plus et ne l'ai pas nommé !

Savant doux et subtil, noble écrivain de race
Dont la gloire est si pure et les titres sont tels,
Parmi les plus fameux bientôt tu prendras place
Sous ce dôme massif, casque des Immortels,
Et, paré du laurier double qui le décore,
Ton habit, déjà vert, sera plus vert encore !

De cette élection, amis, ne doutons pas.
Pour notre Président ils voteront là-bas
Comme un seul... immortel, ayez-en l'assurance.
Inutile vraiment d'engager de paris :
Car, dès qu'on a voté pour Anatole... *France,*
On doit, sans hésiter, nommer Gaston... *Paris !*

JACQUES NORMAND.

6 février 1896.

Avenue Trudaine

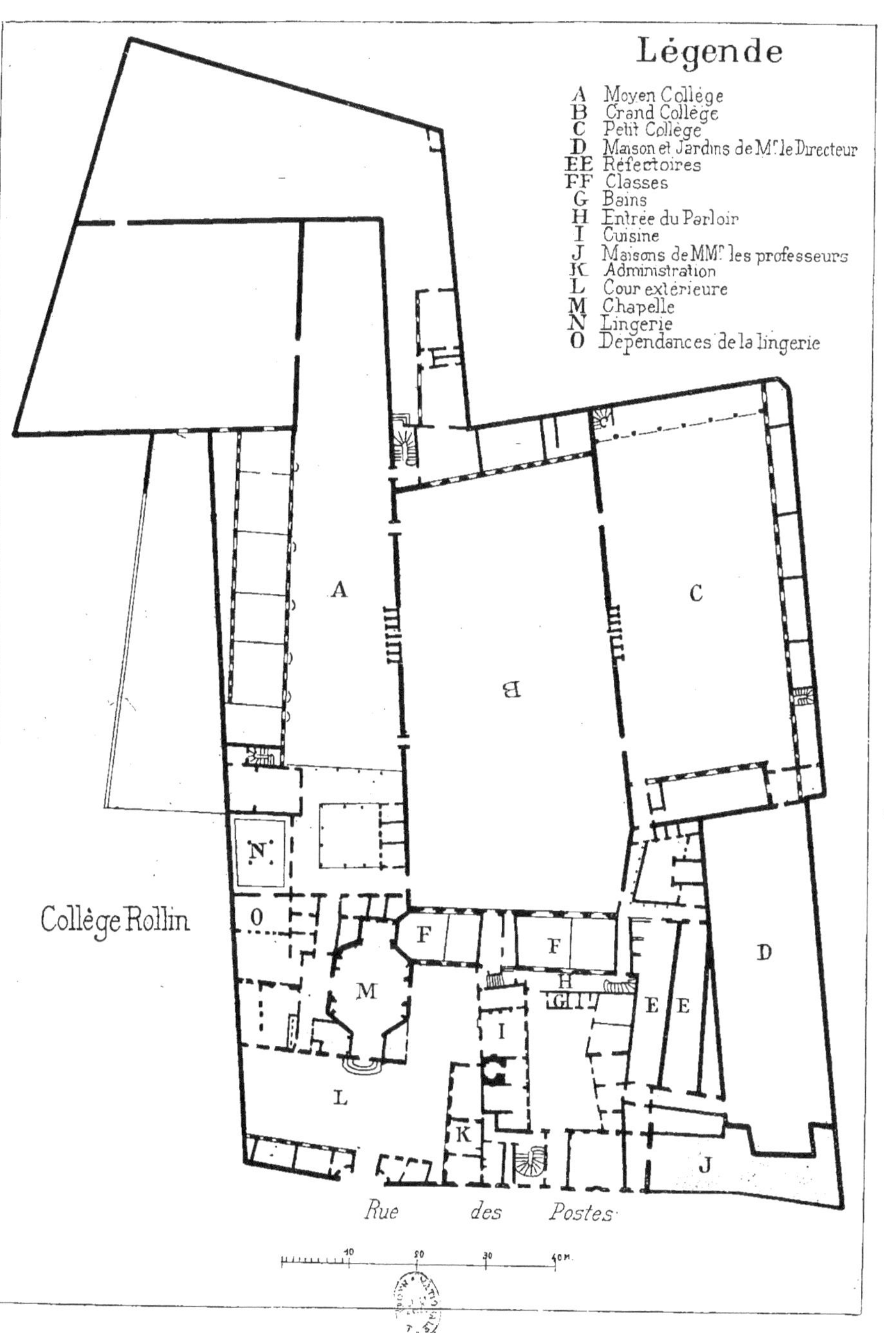

Légende
A   Moyen Collège
B   Grand Collège
C   Petit Collège
D   Maison et Jardins de Mr le Directeur
EE   Réfectoires
FF   Classes
G   Bains
H   Entrée du Parloir
I   Cuisine
J   Maisons de MMrs les professeurs
K   Administration
L   Cour extérieure
M   Chapelle
N   Lingerie
O   Dépendances de la lingerie
Collège Rollin
A
B
C
D
E E
F
F
G
H
I
J
K
L
M
N
O
Rue   des   Postes
10   20   30   40 M.

PLAN DES BATIMENTS DE L'ANCIENNE Sᵀᴱ-BARBE

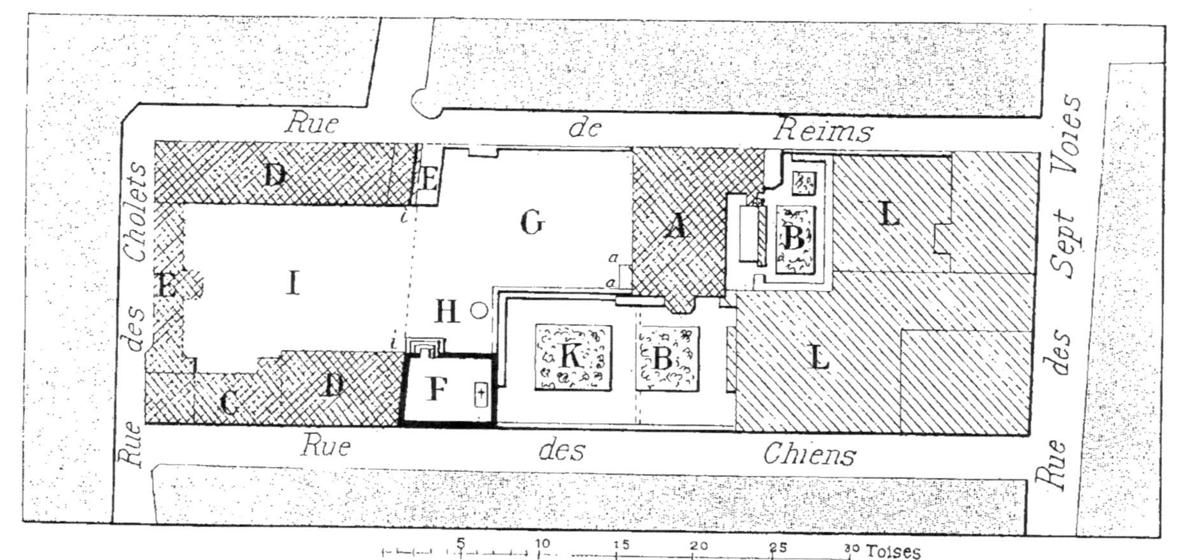

A. Corps de logis construit par Robert Dugast. — *aa*. Perron pour accéder à la Tour. — BB. Jardins dépendant du Collège. — C. Bâtiments construits en 1625. — DD. Bâtiments reconstruits en 1688 et 1689. — EE. Bâtiments démolis en 1688 et non reconstruits. — F. Chapelle élevée en 1695. — G. Partie de cour laissée au Collège depuis 1683. — H. Puits. — I. Partie de cour appartenant à l'Université. — *ii*. Mur projeté qui n'a jamais été construit. — K. Jardin de Montaigu loué par Sᵗᵉ-Barbe. — LL. Propriétés étrangères au Collège.

TABLE DES MATIÈRES

Paris. — Imp. E. Douste, 16, rue Croix-des-Petits-Champs. — 1996

HOMMAGE A NADAUD

COUPLETS CHANTÉS

DANS LA RÉUNION DES ANCIENS ÉLÈVES
DU COLLÉGE SAINTE-BARBE-ROLLIN, LE 29 JANVIER 1859

PARIS. — IMPRIMERIE DE CH. LAHURE ET Cie

Rues de Fleurus, 9, et de l'Ouest, 21.

I

Pour célébrer ce banquet de famille
Imprudemment j'essayais de rimer,
Mais, moins heureux que la plus belle fille,
Je n'avais rien du tout à vous donner,
Lorsqu'une Muse à mes yeux se présente,
En jupon court, mais porté comme il faut,
Rieuse, aimable, égrillarde, éloquente :
Je reconnus la Muse de Nadaud.
Reste avec moi, ma belle vagabonde,
Viens seconder mes stériles efforts,
Inspire-moi, que ma lyre féconde
Résonne aussi des plus divins accords !
Trahir Nadaud, pour toi quelle folie !
Si loin de lui je me trouve aujourd'hui,
C'est que ma sœur, muse de l'harmonie,
Travaille, chante, et compose avec lui.
Pauvre ignorant ! la meilleure semence
Dans un mauvais terrain ne germe pas

Nadaud m'attend ; toi, dans ton impuissance,
Reviens , crois-moi , prudemment sur tes pas. »
Ainsi puni de mon outrecuidance,
Je résolus pour déguiser mes vers,
De suppléer à mon insuffisance
En empruntant à Nadaud quelques airs.
J'entends d'ici votre voix ironique
Stigmatisant ma folle ambition ,
Mais vous devrez applaudir la musique ,
Et je pourrai me faire illusion.
Vous le voyez, je parle avec franchise,
J'atteins mon but, car, de cette façon ,
Le pavillon couvre la marchandise,
La sauce fait avaler le poisson.
Et toi, Nadaud , ne me fais pas un crime
De cet emprunt ! Est-ce une trahison
De t'avoir pris et les airs et la rime ?
Je ne pouvais te prendre la raison !

II

Air du Voyage aérien

Je veux resserrer le lien
Qui nous réunit tous à table ;
Dans ce cristal aérien
Je bois à l'amitié durable !
Arrière, discours mensongers,
Hypocrite langage, arrière !
La franchise n'a de dangers
Que pour une amitié vulgaire !
De ce vin pur et généreux
La douce chaleur me domine ;
Je sens mon cœur vif et joyeux
Battre avec feu dans ma poitrine !

III

Air de Bonhomme

Les jours qu'on passe au collége
Pour nous sont bien précieux ;
Leur souvenir nous protége
Dans les moments soucieux !
Quand je suis triste, je pense
A nos élans de gaieté,
Et j'ai rêvé d'abondance
Même dans l'adversité !
        Influence
        De l'enfance,
    Cher et précieux trésor,
    Je te subis sans effort,
    Et Bonhomme vit encor !

IV

Air *des Deux notaires*

Choisir sa profession
N'est pas toujours bien facile,
Et souvent le plus habile
Manque sa vocation.
Mais voyez nos camarades,
Dans leurs emplois, dans leurs grades,
Ils sont bien placés partout,
Beaucoup ne font rien du tout.
    Mais que d'allopathes !
    Que d'homœopathes,
D'avoués, d'ingénieurs,
D'avocats, de professeurs !
Beaucoup moins de militaires !
Oui, mais en revanche, hélas !
Combien n'en voyons-nous pas
      Notaires !   *(Bis.)*

V

Air :   Vieille Histoire

Qui nous aurait dit qu'un jour,
Laissant l'étude historique,
Michelet ferait *l'Amour*,
Cette autre étude hystérique?
Vous souvient-il de son cours
Si savant, si littéraire?
On l'applaudissait toujours....
Vieille histoire, mon compère !   (*Bis.*)

VI

AIR *du Docteur Grégoire.*

Parmi nos amis
Que de noms inscrits
Dans le temple de mémoire !
Et combien encor
Sur son livre d'or
Enregistrera l'histoire !
Riche muséum !
J'y vois , brillante auréole,
L'aluminium
A côté de l'Acropole[1] !
Quel honneur !
Chantons tous victoire !
L'inventeur
S'est couvert de gloire !
Célébrons sa jeune gloire !

1. Henri Deville et Ernest Beulé, anciens élèves du collége.

VII

Air des Deux gendarmes.

Je veux boire aux anciens Barbistes,
Du bon goût ces vaillants soutiens,
Aux poëtes, aux hellénistes,
Même aux académiciens!
Quand ma voix aura fait entendre
Un toast ici bien de saison,
Je suis sûr, au nom d'Alexandre,
Que chacun me fera raison!
Oui, chacun, au nom d'Alexandre,
Me dira : vous avez raison !

VIII

Mais finissons ce badinage ;
Comme moi vous êtes pressés
De rendre un sérieux hommage
A ceux qui nous ont devancés.
Aux fondateurs de notre école ,
Aux chers absents , grands et petits ,
A Blondel , à Planche , à Nicole !
Honorons ceux qui sont partis !   *(Bis.)*

IX

AIR *de M. Bourgeois.*

Enfin ma tâche est terminée.
Je n'ai plus qu'un compte à régler !
Ma cause bien examinée,
Faut-il espérer ou trembler ?
Dites-moi bien vite, de grâce,
Si je me suis pris dans ma nasse !
        Pour moi je crois,
        Vraiment, je crois
Comme ce bon monsieur Bourgeois,
Que je me suis brûlé les doigts !

ÉMILE B....

www.ingramcontent.com/pod-product-compliance
Lightning Source LLC
LaVergne TN
LVHW020125060726
842526LV00004B/1270